般若心経入門
生きる智慧を学ぶ

ひろさちや

日経ビジネス人文庫

まえがき

現代日本は大きな曲がり角にあります。いや、日本ばかりではありません。世界はいま、大きな曲がり角に直面しています。それ故、いままで通りの生き方では、これからの時代はやっていけません。これまでの日本人の生き方は、ただ猛烈にがんばることでした。がんばりにがんばって、日本人はへとへと、くたくたになっています。

最近、これじゃあだめだ！　と日本人は気づきはじめたのですが、ではこれからどういう生き方をすればいいのか、さっぱりわからないのです。途方に暮れているのが大多数の日本人でしょう。それは当然です。なぜかといえば、これまでの時代は、わたしたちは学校や会社で教わった通りに行動していればよかったのです。教わった知識の量だけでやっていけました。そして、その知識の量が多ければエリートにもなれたのです。

ですが、これからの時代、知識の量だけではだめです。むしろ既成の知識は捨ててしまったほうがよさそうです。これからの時代に必要とされるのは、「ユニークな智《ち》慧《え》」だと思います。世界は大きな曲がり角にあるのですから、それを曲がるには既成の知識は役に立たず、ユニークな智慧を必要としています。

じつは、『般若心経』というお経は、

——智慧のお経——

です。わたしたちは、日常生活の中でいろいろなこだわりを持って生きていますが、そうしたこだわりを捨てて自由になりなさい。自由になれば、すばらしい智慧が得られるよ。その智慧でもって、わたしたちは幸福になれるんだよ——。『般若心経』はわれわれにそう教えてくれているのです。

だから、いまこそわたしたちは『般若心経』に学ぶべきです。大きな曲がり角にある現代を乗り超えるための智慧を。幸福になるための智慧を。そして、『般若心経』から、こだわりなく、のびのびと生きるためのヒントを得ようではありませんか。このような意図でもって、わたしは本書を執筆しました。読者が本書から生き方のヒントをつかんでくだされば幸いです。

合掌

一九九六年七月

ひろ　さちや

般若心経入門／目次

『仏《ぶっ》説《せつ》摩《ま》訶《か》般《はん》若《にゃ》波《は》羅《ら》蜜《みっ》多《た》心《しん》経《ぎょう》』

唐《とう》三《さん》蔵《ぞう》法《ほう》師《し》玄《げん》奘《じょう》訳《やく》

観《かん》自《じ》在《ざい》菩《ぼ》薩《さつ》。行《ぎょう》深《じん》般《はん》若《にゃ》波《は》羅《ら》蜜《みっ》多《た》時《じ》。照《しょう》見《けん》五《ご》蘊《うん》皆《かい》空《くう》。度《ど》一《いっ》切《さい》苦《く》厄《やく》。舎《しゃ》利《り》子《し》。色《しき》不《ふ》異《い》空《くう》。空《くう》不《ふ》異《い》色《しき》。色《しき》即《そく》是《ぜ》空《くう》。空《くう》即《そく》是《ぜ》色《しき》。受《じゅ》想《そう》行《ぎょう》識《しき》。亦《やく》復《ぶ》如《にょ》是《ぜ》。舎《しゃ》利《り》子《し》。是《ぜ》諸《しょ》法《ほう》空《くう》相《そう》。不《ふ》生《しょう》不《ふ》滅《めつ》。不《ふ》垢《く》不《ふ》浄《じょう》。不《ふ》増《ぞう》不《ふ》減《げん》。是《ぜ》故《こ》空《くう》中《ちゅう》無《む》色《しき》。無《む》受《じゅ》想《そう》行《ぎょう》識《しき》。無《む》眼《げん》耳《に》鼻《び》舌《ぜっ》身《しん》意《い》。無《む》色《しき》声《しょう》香《こう》味《み》触《そく》法《ほう》。無《む》眼《げん》界《かい》。

乃至《ないし》無《む》意識界《いしきかい》。無無明《むむみょう》。亦無無明尽《やくむむみょうじん》。乃至無《ないしむ》
老死《ろうし》。亦無老死尽《やくむろうしじん》。無苦集滅道《むくしゅうめつどう》。無智亦無得《むちやくむとく》。
以無所得故《いむしょとくこ》。菩提薩埵《ぼだいさった》。依般若波羅蜜多故《えはんにゃはらみったこ》。
心無罣礙《しんむけいげ》。無罣礙故《むけいげこ》。無有恐怖《むうくふ》。遠離一切顚《おんりいっさいてん》
倒夢想《どうむそう》。究竟涅槃《くきょうねはん》。三世諸仏《さんぜしょぶつ》。依般若波羅蜜《えはんにゃはらみっ》
多故《たこ》。得阿耨多羅三藐三菩提《とくあのくたらさんみゃくさんぼだい》。故知般若波羅《こちはんにゃはら》
蜜多《みった》。是大神呪《ぜだいじんしゅ》。是大明呪《ぜだいみょうしゅ》。是無上呪《ぜむじょうしゅ》。是無《ぜむ》
等等呪《とうどうしゅ》。能除一切苦《のうじょいっさいく》。真実不虚《しんじつふこ》。故説般若波《こせつはんにゃは》
羅蜜多呪《らみったしゅ》。即説呪曰《そくせつしゅわっ》。羯諦《ぎゃてい》。羯諦《ぎゃてい》。波羅羯諦《はらぎゃてい》。
波羅僧羯諦《はらそうぎゃてい》。菩提薩婆訶《ぼうじそわか》。般若心経《はんにゃしんぎょう》。

『般若心経』——現代語訳

〈「ほとけの智慧の完成」の真髄を教えた経〉

観自在菩薩がかつてほとけの智慧の完成を実践されたとき、肉体も精神もすべてが空であることを照見され、あらゆる苦悩を克服されました。

舎利子よ。存在は空にほかならず、空が存在にほかなりません。存在がすなわち空で、空がすなわち存在です。感じたり、知ったり、意欲したり、判断したりする精神のはたらきも、これまた空です。

舎利子よ。このように存在と精神のすべてが空でありますから、生じたり滅したりすることなく、きれいも汚いもなく、増えもせず減りもしません。

そして、小乗仏教においては、現象世界を五蘊《ごうん》・十二処・十八界といったふうに、あれこれ分析的に捉えていますが、すべては空なのですから、そんなものはいっさいありません。また、小乗仏教は、十二縁起や四諦といった煩雑な教理を説きますが、すべては空ですから、そんなものはありません。

そしてまた、分別もなければ悟りもありません。大乗仏教では、悟りを開いても、その悟りにこだわらないからです。

大乗仏教の菩薩は、ほとけの智慧を完成していますから、その心にはこだわりがなく、こだわりがないので恐怖におびえることなく、事物をさかさに捉えることなく、妄想に悩まされることなく、心は徹底して平安であります。また、三世の諸仏は、ほとけの智慧を完成することによって、この上ない正しい完全な悟りを開かれました。

それ故、ほとけの智慧の完成はすばらしい霊力ある真言であり、すぐれた真言であり、無上の真言であり、無比の真言であることが知られます。それはあらゆる苦しみを取り除いてくれます。真実にして虚妄ならざるものです。

そこで、ほとけの智慧の完成の真言を説きます。

すなわち、これが真言です。

「わかった、わかった、ほとけのこころ。
すっかりわかった、ほとけのこころ。
ほとけさま、ありがとう」

1 「布施」のこころ

「布施」とは何か?

まず、「布施《ふせ》」について考えてみましょう。仏教においては、ということは『般若心経』においては、ということと同じですが、「布施」の思想が重要です。だから、読者に、あらかじめ「布施」についての予備知識を持っておいてほしいのです。

「布施」というのは、簡単にいえば、人に財物・金銭を施すことです。あげることです。しかし、「布施」と「お恵み」は違います。どう違うかといえば、「お恵み」は貰った人がお礼を言わねばならないものです。それに対して、「布施」は施した人がお礼を言うものです。

物乞いをするとき、昔は、「右や左の旦那さま」と呼びかけることになっていました。そして、「おありがとうございます」と言います。あれが「お恵み」です。いま、「右や左の旦那さま」と書いて、はっと気づいたのですが、じつはこの〝旦那〟ということばは、インドのサンスクリット語の、〝ダーナ〟を音訳したものです。〝旦那〟と音訳したり〝檀那〟と書いたりしますが、この〝ダーナ〟は「布施」の意味です。サンスクリット語が日本語の日常語になっているのですね。

さて、「布施」の話ですが、わたしは子どもが小さかったころ、このように子どもたちに「布施」の話をしたことがあります。家には弟がいます。娘がお友達の家から、小さなケーキを一つお土産に貰ってきました。わたしの妻、彼らのお母さんは、子どもたちに、「一つのケーキを半分ずつにして食べなさい」と教えました。そのとき、彼らが食べ終わるのを待って、わたしはこう尋ねたのです。

「いま、お母さんは、一つのケーキを二人で分けて食べよ――と言った。なぜ分けないといけないのか、わかるか……？」

すると、お姉ちゃんが答えました。「だって、分けてあげないと、英彦（弟）がかわいそうでしょう」

「違う」というのが、わたしのことばです。相手がかわいそうだから分けてあげる――というのは、「お恵み」でしかありません。それに、そんな気持ちでいれば、相手がかわいそうでないとき、たとえば姉弟喧嘩をしているようなとき、「きょうは分けてあげたくない」となります。それだと布施にならないのです。

そこで、息子のほうに答えを求めました。「わかった！　お父さん。この次、ぼくが貰ってくれば、半分お姉ちゃんに分けてあげるから、いまお姉ちゃんが半分くれたのだね……」

しかし、それもまちがいです。それだと、お返しをくれそうにない人にはあげることができません。それも布施ではありません。

「あなたがたは小さいから、わからないのは無理もない」と、わたしは言いました。「だが、お父さんやお母さんは、あなたがたにお願いしておきたい。それは、一つのケーキを半分ずつ食べて、そのほうがおいしいと思えるような子になってほしいんだ」

「兎と亀」の話

一つのケーキを二人で分けて食べて、そのほうがおいしいと思えるこころ――それが布施のこころです。わたしはそう思っています。

では、どうすれば、そのようなこころになれるでしょうか？　簡単です。分けてあげた人が、相手に、「あなたが一緒に食べてくださったので、おいしくいただくことができました。ありがとう」とお礼を言えばいいのです。そうすると、ケーキは必ずおいしくなります。

したがって――。二人の人間にケーキが一つしかありません。しかし、そのとき、二人がケーキを半分ずつ分け合って食べるとおいしくなります。おいしくなるということは、幸福になれるということです。もちろん、二人にケーキが二つあれば、それぞれ一個ずつのケーキを食べるとおいしいのです。

ところが、二人の人間にケーキが十個あるとしてください。そうすると、二人はそれぞれ五個ずつのケーキを食べねばなりません。ねばならないのです。これは義務ですね。そうなると、ケーキはちっともおいしくありません。まさに不幸ですね。

わたしは、物質的に豊かであることが必ずしも幸福とはかぎらない――と思っています。お気づきのように、いまの日本はこのような状況です。わたしたちは経済大国をつくりながら、なにか精神的に満ち足りない気持ちでいます。その原因は、ここのところにあるのです。物質的豊かさがつくりだした精神的貧しさ――いまの日本のあり方を一口でいえば、こうなると思います。

ところで、「兎と亀」の話で、おもしろい体験をしました。わたしはインドを旅行したとき、インド人に尋ねてみました。「兎はどうすればよかったか……?」

というのは、兎は昼寝をして亀に敗れたのだから、兎は昼寝をしなければよかった、ゴールに入るまで油断せずにしっかりと走ればよかった、と、インドは答えると思ったのです。

しかし、インド人の答えは違っていました。インド人は三人いたのですが、いちばん年寄りのインド人がこう答えました。「兎？　兎はノー・プロブレムである（問題ない）。悪いのは亀だ！」

「どうして……？」と、わたしは尋ねました。一生懸命に走った亀がなぜいけないのか、わたしにはわかりません。

「だって、亀は兎を追い越して行ったのだろう。そのとき、亀は、〝もしもし兎さん、昼寝をしていては駄目ですよ。起きなさい〟と、ひと声、声をかけてやるべきだ。それが友情というものだろう。その亀には友情がないじゃないか!?」

わたしはびっくりしました。さすがインドはお釈迦さまの国だ！　と、思いました。もっとも、現在のインドにほとんど仏教徒はいません。インドの仏教徒は、人口の〇・七パーセント程度です。けれども、お釈迦さまの教えの精神は、ヒンドゥー教という宗教になって生き残っています。わたしはそんな感想を持ったのです。

けれども、いちおうわたしは反論しました。インド人のことばに感動したものの、理屈の上での反駁を試みたのです。「あなたの言うことはよくわかる。けれども、兎と亀はゲームをしているのだろう。ゲームであれば、相手が油断をしているのだから、なにも起こしてやる必要はないではないか!?」

「そうか、ゲームであれば、まあ起こさなくてもいいか……」年寄りのインド人は引っ込んでしまいました。

ところが、三人いたインド人のうち、こんどはいちばん若いインド人が助太刀してきたのです。

「いいや、おまえの考えはよくない。あの年寄りのほうが正しい！」

「なぜ？」

「だって、亀にはわかるはずがない」

「なにがわからないのだ？」

「おまえは、兎は昼寝をしていると言う。けれども、ひょっとしたら、兎は心筋梗塞で苦しんでいるのかもしれない。起こしてやってはじめて、病気で苦しんでいるのか、それとも怠けて昼寝をしているのかがわかるのだ。だから、やはり起こしてやるべきだろう」

真の幸福とは

そして、若いインド人はこう付け加えました。「それとも、なにかい。おまえは、〝こいつは怠けて昼寝をしているのだ〟と勝手に決め込んで、自分が勝つことばかり考えているような亀を好きだと言うのか!?　そんな日本人は大嫌いだ！」

そのことばに、わたしはおちこんでしまったのです。いまでもインド人のことばが、わたしの耳に響いています。たしかに、わたしたち日本人は、亀が好きです。歩みののろい亀が、倦《う》まず弛《たゆ》まず努力して兎に勝った、その亀の努力を称賛し、拍手を送ります。なぜ、そうなのか？　それは、わたしたち日本人が、「競争主義」を前提にしているからです。競争というものが絶対的に善である、日本人はそう信じ込んでいます。

そして、日本人はなぜ競争を賛美するのかといえば、それは日本が豊かな国だからなんです。人々は、貧しいから競争する——と思っています。しかし、それは違います。貧しいから競争するのではなしに、豊かだから競争するのです。

貧しい社会で、たとえば二人の人間にパンが一個しかないような社会で競争主義を採用し、競争に勝ったほうにパンをやり、負けたほうにパンをやらなければ、負けたほうは飢え死にをします。だから、二人にパンが一個の社会では、競争主義を採用できないのです。

逆に、豊かな社会だと、競争主義を採用できます。たとえば、二人にパンが三個ある社会だと、まず二人に一個ずつのパンを与えておいて、そして残りの一個を競争の勝者にやればよいのです。だから、豊かな社会では競争主義を採用できるのです。そう考えると、インド人が亀を悪い奴と見、日本人が亀を称賛するのが納得できますね。インドは貧しい社会で、日本が豊かな社会だから、そうなるのです。

けれども、忘れないでください。本当においしいケーキは、二人に一個しかケーキがなくて、それを二人が仲良く半分ずつ分けて食べたときです。布施のこころでもっていただくケーキがいちばんおいしいのです。日本人はまちがって、二個のケーキを食べたほうがおいしいと思っています。それで、一生懸命、ケーキを二個食べられる社会をつくろうと努力してきました。そのような社会をつくるために、競争主義を採用してきたのです。その結果が、現在の日本の社会です。

どうでしょうか? 現在の日本の社会はいい社会ですか……? わたしは「ノー」と答えますね。政治家や経営者たちが日本を経済大国と呼んでいますが、庶民はみんな日本の現状に絶望しているのです。だから、みんな子どもをほしがらないのです。一人の女性が生涯に出産する子どもの数が一・三人程度になっています。

経済的に豊かなことが幸福の条件であると、日本人は錯覚しているのですが、わたしに言わせれば、経済的に豊かになることがかえって不幸をもたらすのだと思います。経済的に豊かになれば、むしろ本当の幸福がわからなくなる。わたしはそう確信しています。そして『般若心経』は、本当の幸福は「布施のこころ」を持つことによって得られる――と、われわれに教えてくれています。

『般若心経』はみせかけの幸福ではなしに、真の幸福とは何かを語っているのです。その意味で、『般若心経』は、現代日本人にとって大事な経典です。まさに「現代的」な経典だといえます。

わたしたちはこれから、『般若心経』を読んでみましょう。『般若心経』の教えをどのように生活の中に生かせばよいか、読者のみなさんと一緒に考えてみたいのです。わたしたちは『般若心経』を学問的に読もうというのではありません。日常生活の中で読みたいのです。だから、脱線しながらのんびりと読みすすめたいと思います。そのように、「ゆったりと歩む」ことが、『般若心経』の精神です。歯を食いしばってがんばるのは、真の仏道の歩みではありません。

2 取り越し苦労はするな！

「迷い」の本質！

飢えたろばがいました。腹をペコペコにすかしていたのですが、幸運にもこのろばは乾し草の山を見つけました。だが、不幸なことに、このろばは二つの乾し草の山を見つけたのです。

二つの乾し草の山を見つけるなんて、まさにラッキーなことで、それをなぜおまえは「不幸」と言うのか⁉ そう問われそうですが、物が多量にあることが必ずしも幸福とはいえないことは、すでに明らかにしましたね。だから、ろばが同時に二つの乾し草を見つけたことは、いささか不幸なんです。それに第一、ろばに迷いが生じます。一つであればなんでもないのに、二つの乾し草を見つけると、「どちらを食べればよいのか？」といった問題に迷うことになります。それが不幸なのです。

そんな迷いは馬鹿げている。どちらの乾し草も同じものであれば、どちらを食べてもいいのだから、ちっとも迷う必要はない！　読者はそう思われるかもしれません。しかし、それは大きな誤りです。

どちらを食べてもいいのだから、ちっとも迷う必要はない——といいますが、じつは迷いというものの本質は、迷う必要がないから迷うのです。迷う必要のないことが、人間を迷わせる条件なのです。たとえば、昼めしに鰻丼を食べるか、天丼を食べるか迷います。それは、鰻丼を食べても天丼を食べても、どちらでもいいからです。迷う必要がないから迷うのです。鰻の嫌いな人であれば、はじめから迷いが生じていません。さっさと天丼を食べるでしょう。

同窓会があって、あなたは出席しようか欠席しようか、迷います。迷っているというそのことが、迷う必要のないことを示しています。つまり、行っても行かなくてもいいから迷っているのです。どちらでも同じだから迷いが生じるのです。それは、お葬式だって同じです。夫の親が亡くなったとき、妻はそのお葬式に行こうか行くまいか、迷いはしません。行かなければならないから、迷わないのです。行こうか行かないでおこうか……と迷うのは、たとえばお友達のお葬式です。それは、参列してもしなくてもいいから迷うのです。このように、「どちらでもいい」ということが、人間を迷わせる条件です。

それともう一つ。人間は「未来」に対しても迷います。それは未来が「わからない」からです。わたしは二十年間、大学の先生をしていました。理科系の大学で哲学を教えていたのですが、哲学の先生だからでしょうか、ときどき人生相談に来る学生がいました。その学生の迷いは、この大学をやめて他の大学に行こうか、それともこの大学をこのまま卒業しようか、というものが多かったですね。

「好きなようにしたら……」と、わたしが言いますと、「自分が何を好きなのかがわからない」と学生たちは答えます。いろいろ話し合ってみると、彼らは、「この大学に残ると、自分の未来はどうなるか？」「他の大学に移れば、自分の将来はどう変わるか？」それを知りたいと思っているのです。それも正確に予測したいと思っています。でも、そんなことはわかりませんよね。

「いろはかるた」に「一寸先は闇」というのがありますが、まことにわたしたちの将来は、一寸先がわからないのです。日本経済がどうなるか、円安ドル高が進むのか、日米が再び戦争に突入するか否か、そんなこと、わたしたちにはわかりません。いや、それどころか、その学生の寿命がどれだけか、予測するなんて不可能です。ひょっとすれば彼が翌日、自動車事故で死ぬかもしれないし、東京に直下型の大地震が起きて、東京都民が一人残らず死んでしまうかもしれません。だから、この大学をやめたほうがいいのか、やめないほうがいいのか、誰にも予測できないのです。わたしは、人生相談に来た学生に言いました。「迷っているなら、サイコロで決めなさい。二つのサイコロをころがして、丁が出たらやめる、半が出たら残る。そう決めるといいよ」

そうすると、たいてい学生は怒りますね。「先生！　ふざけないでください。ぼくはまじめに相談に来ているのです！」

禅僧らしい死に方

ろばの話にもどりましょう。二つの乾し草の山を見つけたろばはどうしたか……？

この話は、わたしは『イソップ物語』の一つだと思っていたのですが、違うようです。これは、「ビュリダンのろば」と呼ばれている話で、フランスの十四世紀の哲学者ビュリダンがつくったものとされています。もっとも、学者の研究によると、ビュリダンの著作のどこにもこの話は出てこないそうで、そうするとこれがなぜ「ビュリダンのろば」と呼ばれるのか、わからなくなります。

まあ、この話では、ろばは最初、右の乾し草がおいしそうだと思ってそちらに歩いていくのですが、途中で左のほうがうまそうだと考えて、それで左に行きます。しかし、左に向かって歩いているうちに、やはり右のほうがいいと思い直して再び右に引き返す。すると、こんどは左のほうがうまそうに思える。それで左に向かう。そうしているうちに、とうとうろばは翌日、二つの乾し草の中間で飢え死にをした——。そういうオチがついている話です。愚かなろばです。

しかし、わたしたちは、このろばを嗤《わら》えません。わたしたち自身、このろばと同じ迷いを迷っているからです。どちらを食べても同じなのに、だからちっとも迷う必要がないのに、それを迷いに迷って苦しんでいます。それが人間なんです。では、このろばと同じような迷いに直面したとき、わたしたちはどうすればよいでしょうか……？

じつは、その問題を、わたしたちは『般若心経』にきいてみたいのです。『般若心経』であれば、そのような問題にどう答えるか？　それがわたしたちのテーマなのです。

たとえば、こう考えてみてください。あなたが癌《がん》を宣告されたとします。あなたが癌にかかって、あと一年の寿命と言われたとします。そのまま何の治療もしなければ、一年の寿命しかない。しかし、放射線療法を受ければ、ひょっとしたら癌を克服できるかもしれません。だが、その成功率は七パーセントです。さあ、あなたはどうしますか……？

この辺のところ、わたしにあまり知識はないのですが、放射線療法を受ければ、いろんな副作用があるようです。頭髪が全部抜け落ち、肌にはしみが出てきます。全身にむくみが出てきます。そして、精神的にもげんなりとし、虚脱状態になるようです。そうなることを覚悟で、成功率七パーセントに賭けて、あなたは放射線療法を受けますか？　それとも、まあ普通の状態で一年で死んでゆきますか？

そこで、迷いが生じます。いや、迷いが生じる人がいます。でも、言っておきますが、わたしは迷いませんよ。わたしは、そのような状況に立たされたら、ためらうことなく治療を拒否します。普通の状態で死んでゆくことを希望します。

けれども、この点を誤解しないでほしいのですが、それが『般若心経』の教えではありません。『般若心経』は、頭髪が全部抜け落ちて、見るも無惨な姿になって生きるよりは、むしろ人間らしい姿のままで死ぬほうがましだ——と、そんなことを教えているのではありません。『般若心経』が教えていることといえば、そんなことはどちらだってかまわないということです。そんなことにこだわるな——というのが、『般若心経』の教えです。

わが国、南北朝の時代の禅僧の関山慧玄の最期は、さすがに禅僧らしいものでした。彼は永らく病床にあったのですが、ある日、「どうやらお迎えがまいったようじゃ」と、みずから旅仕度をし、弟子たちに見送られて寺を出ていきます。そして、ものの三十歩も歩いたでしょうか、関山はそこで杖にもたれてじっとしています。どうしたのか……と思って弟子たちがかけつけてみると、関山はそのまま死んでいたのです。

一方、明治の傑僧といわれた、臨済宗天竜寺派の管長の橋本峨山《がざん》の臨終は、関山とは対照的です。息をひきとる間際、峨山は弟子たちを全員呼び集めます。そして、「わしはこれから死ぬ。おまえたち、よく見ておくがよいぞ。死ぬということは辛いものじゃ」と言うのです。弟子たちが見守る中を、峨山は、

「ああ、死にとうないわい」

と言いつつ、死んでいきました。

しかし、勘違いしないでください。わたしは、関山の死が立派で、峨山の死はよくないと言っているのではありません。そうではなくて、両者ともにすばらしい禅僧の死なんです。わたしはそう思います。

取り越し苦労はするな

この点に関しては、明治の俳人・歌人の正岡子規がおもしろいことを言っています。子規は脊椎カリエスにかかって、三十歳にならぬ前から死ぬまでほとんど病床にあったのですが、ある日、病床にあって彼は忽然と気づいたのです。

「余は今迄《まで》禅宗の所謂《いわゆる》悟りといふ事を誤解して居た。悟りといふ事は如何《いか》なる場合にも平気で死ぬる事と思つて居たのは間違ひで、悟りといふ事は如何なる場合にも平気で生きて居る事であつた」（『病牀六尺』）

わたしたちは、禅というものは、仏教というものは、従容として死に就く、そういう死に方を教えてくれるものだと思っています。けれども、それは違います。そんな死に方なんて、どうだっていいのです。大事なことは、生きているということです。

先程も言いましたように、わたしたちの未来については、「一寸先は闇」なのです。飛行機事故で、あっという間に死ぬかもしれません。どうなるかわからない未来に対して、ああしたら、こうしたらと心配するのは無駄です。そのような心配を、「取り越し苦労」といいます。『般若心経』はわたしたちに、無駄な取り越し苦労をするな！　と教えているのです。

そういえば、キリスト教のイエス・キリストが、

「明日のことまで思い悩むな。明日のことは明日自《みずか》らが思い悩む。その日の苦労は、

その日だけで十分である」(「マタイによる福音書」6)と言っています。また、それと同じことを、お釈迦さまが言っておられます。

「過去を追うな。
未来を願うな。
過去はすでに捨てられた。
そして未来はまだやって来ない。
だから現在のことがらを
それがあるところにおいて観察し、
揺《ゆら》ぐことなく動ずることなく、
よく見きわめて実践せよ。
ただ今日なすべきことを熱心になせ」(「中部経典」一三一)

わたしたちは、取り越し苦労をやめて、今日のことだけ考えていればいいのです。だから、癌を宣告されたとしたら、そのときに迷えばいいのです。そういうときには誰だって迷うのですから、そのときになってしっかりと迷えばいいのです。それが『般若心経』の教えです。

で、ちょっと待ってくださいよ。わたしは先程、わたしは迷わない——と書きました。癌を宣告されて、放射線療法を受けるか、それともそのまま何の治療も受けないか。わたしであれば、何の治療も受けないつもりです。だから、迷いません――と書いたのです。でも、それはいま現在の心境です。

しかし、それが現実にその場になれば、変わるかもしれません。人間は弱いものです。大言壮語していても、実際にその場になったら人間は迷います。だから、わたしだって、いまは偉そうなことを言っていても、その場になったらおたおたするでしょう。

わたしは迷わない――と言ったことは、考えてみると、『般若心経』の教えに反するものです。『般若心経』がわれわれに教えてくれているのは、迷っていいのだよ、大いに迷いなさい、ということです。それを、偉そうにわたしは迷わない――と断言するなんて、もってのほかです。それで『般若心経』がわかっていると言えるのか⁉︎ おまえさん、人間には未来のことはわからないのだから、素直にわからないと認めなよ――。『般若心経』は、きっとそのように言うでしょう。だから、わたしは前言を撤回します。

わたしたちは、もしも癌を宣告されたらどうしよう……と、なにも取り越し苦労をする必要はありません。浪人生が、来年も受験に失敗したら……と思い悩むのも、取り越し苦労です。いっさい、取り越し苦労はやめましょう。わたしたちは、取り越し苦労はやめて、そのときになって真剣に考えればいいのです。

そして、わたしは、もしもその場になってどちらにしようかと迷いが生じたら、サイコロを転がして、「デタラメ」に決めればいいと思っています。もっとも、このことは、これだけでは誤解を招くでしょう。サイコロで決めるなんて、ふざけるな！と、叱られそうです。この点についてはのちに詳しくお話しします。いまはただ、取り越し苦労はしないでいいことだけをおぼえておいてください。

3　人間の物差しはゴム紐だ

「色即是空。空即是色」

「はい、お母さん、算数のテストの答案だよ……」と、小学五年生の子どもがお母さんにテスト用紙を見せました。子どもはにこにこしています。そのはずです。そのテスト用紙には、先生の採点が書かれていますが、それが、「九十点」でした。普段は六十点かせいぜいよくて七十点の子どもが九十点もとったのだから、子どもが喜んでいるのは当然です。そして、お母さんもうれしくなりました。

ところが、です。子どもの報告によると、そのテストのクラスの平均点は九十三点だった……そうです。そう聞いたとたんに、お母さんの顔色は変わります。「なんだ……うちの子は平均以下じゃないの!?　がっかり」となります。ね、そうなりますよね。これが、現代日本のお母さんの標準の姿です。

でも、これはおかしいですね。子どもがとった九十点という点数は、すばらしいじゃありませんか。それなのに、それが平均点以下だとわかったとたん、すばらしい点数がよくない点数に早変わりするのです。九十点は九十点に違いないのに、それを評価するお母さんの物差しが変わってしまうのです。

じつは、『般若心経』が教えているのは、この、「物差し」の問題なんです。

『般若心経』の教えを簡単にいえば、「物には物差しがついとらんぞ。物差しはおまえさんが持っとるんだ」となります。えっ、どこにそんなことが書いてある？　と思われるかもしれませんが、わたしは『般若心経』のことばを相当くだいて意訳しました。『般若心経』の原文でいえば、

「色《しき》不《ふ》異《い》空《くう》。空《くう》不《ふ》異《い》色《しき》。色《しき》即《そく》是《ぜ》空《くう》。空《くう》即《そく》是《ぜ》色《しき》」

の部分です。これを訳すと、「物に物差しがあるのではない。物差しはそれぞれの人が持っている」となります。

どうしてそんな訳になるのか、たぶんこれだけでは読者にはおわかりになりませんよね。これからゆっくり解説しますから、そんなにあわてないでください。それから、『般若心経』のいちばん重要な部分といえば、いま挙げた「色不異空。空不異色。色即是空。空即是色」のところですね。『般若心経』は全文わずか二百六十六文字（これは数え方によって差があります）ですが、その短い『般若心経』のさわりとい

うべきものが、いま挙げた「色不異空。……」の十六文字です。この十六文字に、『般若心経』の教えが要約されているといってもまちがいではないほど、この十六文字は大切な部分です。

しかも、この十六文字をなおも要約すれば、たった一文字の、「空《くう》」にまとめることができます。つまり、『般若心経』は「空」を教えた経典だといえるのです。

では、「空」とは何でしょうか？　「空」とは何か……といえば、もう今度はそう簡単にいえませんね。「空」とは何かをわかってもらうためには、一冊の本がまるまる必要になります。でも、そう言っていても仕方がありませんので、少しずつ解説します。

ところで、「空」のほうはじっくり解説しなければなりませんが、先程の引用に出てきた「色《しき》」のほうは簡単です。これは「物」といった意味です。あるいは「存在」です。わたしたちの身の回りにある物が「色」です。いまわたしの身の回りにある物といえば、ペンだとか机だとか、茶碗だとか、本だとか、……その他さまざまな物が「色」です。ですから、先程の引用は、「物は空に異ならず、空は物に異ならず、物がすなわち是れ空、空がすなわち是れ物」と言っているのです。もっと簡単にいえば、「物は空だ」ということです。これが『般若心経』の言いたいことです。

ゴム紐の物差し

ここに一千万円の札束があります。わたしがこの札束を見ると、「わあー、すごい大金！」と思います。けれども、同じ札束をどこかの政治家が見れば、（なんだ、こんな端金《はしたがね》！）と思うはずです。同じ札束が見る人によって違うのです。

いや、見る人が同じでも、そのときの気分によって同じものが違って見えます。それは、最初の小学生のテストの点数でおわかりになりますね。「九十点」という点数が、お母さんにとってはじめは「いい点数」に見えました。ところが、クラスの平均点が九十三点とわかったとたん、その同じ点数が「あまりよくない点数」に変わるのです。これが「空」です。

同じ物が、人が違うと違って見える。同じ人でも、気分が違うと違って見える。ということが、「物は空だ」という意味です。つまり、一千万円という札束に、「大金」「端金」といった物差しがついているわけではありません。その札束は「空」です。「空」だということは、それは「大金」でもないし「端金」でもありません。ただの札束です。いや、ひょっとしたら、それは「札束」であるともいえないのです。赤ん坊にとっては、それは「紙屑」でしかありません。あるいは日本経済が潰滅すれば、誰にとっても「紙屑」になるかもしれません。

だとすると、一千万円の札束を「大金」にしたり「端金」にする、あるいはそれを「札束」にしたり「紙屑」にするのは、人間のほうですね。人間が各自の物差しを持っていて、それぞれの物差しで、そのときどきによって変化する物差しでもって、それを測っているのです。それが「空」です。「色即是空」（物は空だ）というのは、そういう意味です。

ですから、わたしは、これを、「物には物差しがついていない。物差しはあなたが持っている」と訳しました。人間はそれぞれ自分独特の、自分勝手な、そのときの気分に左右される物差しでもって、物事を見ているのです。

したがって、この物差しはあやふやです。で、わたしは、このあやふやな物差しを、「ゴム紐の物差し」と呼んでいます。勝手に伸び縮みするゴム紐では、物は測れませんよね。それなのに、わたしたちはゴム紐の物差しで物を測っているのです。だから「空」とは、われわれは「ゴム紐の物差し」でもって事物を測っている——といった意味です。とりあえず、そのように思ってください。

では、どうすればいいでしょうか……？　『般若心経』はわれわれに、どうしろとアドヴァイス（忠告）をしてくれているのでしょう。じつは、わたしがこのように、われわれはゴム紐の物差しで物を測っている——と言えば、ときどき早合点をする人がいます。そうかゴム紐の物差しで測ってはよくないな……。そのゴム紐の物差しをプラスチックの物差しに替えないといけない！　『般若心経』はわれわれに、物差しを替えろ！　と教えているのだ、と。

これは、とんでもない早合点です。

いいですか、『般若心経』が言っているのは、「われわれはゴム紐の物差しでもって物を測っている」ということです。そしてこれは、こうしかできないのです。わたしたちが持つことのできる物差しはゴム紐の物差しでしかない。それ以外の物差しを人間は持てないのです。

そうですね、いま、わたしは「プラスチックの物差し」と書きました。人間にはゴム紐の物差ししかなく、プラスチックの物差しなんて人間には使えないのです。だから、ゴム紐の物差しに代えてプラスチックの物差しにすることはできません。そのことをおわかりいただくために、譬えてみると、

プラスチックの物差しは……ほとけさまの物差し

です。そして、

ゴム紐の物差しが……人間の物差し

です。ほとけさまでない人間には、プラスチックの物差しは持てません。人間には

ゴム紐の物差ししか持てないのです。だから、『般若心経』が言っているのは、ゴム紐の物差しをプラスチックの物差しに替えなさい！　ということではありません。それは不可能なことです。不可能なことをしろと、『般若心経』が言うはずがないじゃありませんか……。

ゴム紐の物差しの上手な使い方

では、『般若心経』の教えは何でしょうか？　「ゴム紐の物差しの使い方」です。わたしたち人間にはゴム紐の物差ししか持てないのですから、そのゴム紐の物差しをうまく使うよりほかありません。『般若心経』は、そのうまい使い方をわれわれに教えてくれています。

そこで、その使い方です。その使い方の要領は、ちょっとむずかしいですよ。たとえば、ここに一千万円があるとします。ありそうもない話ですが、あなたが一千万円の金を手に入れたとするのです。これは譬えですから、そうだとしてください。この一千万円の金をゴム紐の物差しで測って、「わあー、すごい大金！」と思えばいいのです。そう思うことができれば、あなたは『般若心経』の教える物差しの使い方をしたことになります。

簡単ですね。このように話せば、簡単なように聞こえます。でも、実際にそうなったとき、そうは簡単にいきませんよ。あなたが実際に一千万円の金を手にすると、「そりゃあ、昔は、一千万円は大金だと思っていた。でも、いまじゃあ、一千万円ぐらいあっても、何もできないさ。税金はとられるし、それに家の修繕をして、息子の大学の入学金を払えば、あとには、何も残らない。せめて五千万円ぐらいでないと、〝金〟とは言えんよなあ……」となります。そうなるにきまっています。

じつは、お釈迦さまは、人間の欲望の本質は、「渇愛《かつあい》（トリシュナー）」だと言われました。サンスクリット語の〝トリシュナー〟は、のどの渇きを意味することばで、それを中国人は〝渇愛〟と訳したのです。われわれ人間の欲望は「渇愛」です。ちょうど救命ボートで海を漂流している状態に似ています。のどがカラカラに渇いて、水が飲みたくてたまらない。しかし、真水はありません。それで仕方なく、海水を飲みました。この海水は、のどの渇きを癒してくれるでしょうか……？「ノー」です。一口飲んだ海水は、ますます渇きをひどくさせます。つまり、充足させると、かえって欲望が膨らむような欲望――そうした欲望を「渇愛」といいます。そして、お釈迦さまは、われわれの欲望は、本質的にそのような「渇愛」であると言われたのです。

だから、わたしたちが大金を手に入れたいという欲望（渇愛）を持っていて、実際にそこに大金（一千万円）が手に入ってごらんなさい。たちまち欲望のほうが膨らみますから、一千万円は大金でなくなるのです。せめて五千万円じゃないと……となるわけです。それがまさにゴム紐の物差しですね。『般若心経』が、一千万円のお金をすごい大金と思いなさいと教えていても、実際にはわれわれはそう思えないのです。だから、わたしは、そうは簡単にいきませんよと言ったのです。

では、どうしますか？　無理矢理、それを大金と思え！　と言うこともできます。でもね、それじゃあ駄目なことはわかっています。だって、口先では「そう思います」と言っても、心の中ではそうは思えない。それでは、なんにもなりません。それは痩せ我慢というものですね。痩せ我慢じゃ駄目です。心の底からそう思えないといけません。

そんなこと不可能だ！　と言わないでください。不可能ではありません。心の底からそう思える方法があるのです。それは何か？　それが、じつは、「布施」なんです。布施というのは、一つのケーキを二人で分けて食べて、しかもケーキを分けてあげた人が相手に、「一緒に食べてくださって、ありがとう」とお礼を言うものです。お恵みの場合は、貰ったほうがお礼を言わねばなりませんが、布施の場合は施したほうがお礼を言わねばなりません。布施とはそういうものです。

そのような布施を、あなたが常日頃から実践しているとよいのです。そうすると、ゴム紐の物差しをうまく使えるようになります。たとえば、満員電車の中で、老人やハンディキャップの人に座席を譲る。それも、かわいそうだから座らせてやるというのではなしに、譲ったあなたが座っていただいた人にお礼を言う。まあ、もっとも、ちょっと口に出してお礼を言うのが恥ずかしければ、心の中でもいいのですが、譲ったほうがお礼を言うのが布施です。そういう布施を、あなたが常日頃から実践していると、ゴム紐の物差しがうまく使えるようになって、一千万円のお金を見ても、たとえそれが百万円であっても、「わあー、すごい大金!」と思えるようになるのです。

しかし、それは、普段から布施行《ぎょう》(仏教では布施行といいます。「布施の修行」の意味です)をしていないと駄目ですよ。一千万円の金を見て、すぐに「すごい大金!」と思えるわけではありません。そこにむずかしさがあります。でも、まあ、常日頃から実践していれば、簡単なことなんですがね……。

4　「ほとけの幸福」「餓鬼の幸福」

〝幸福とは何か〟を知らない人の悲劇

あなたは幸福になりたいですか……？　なんて馬鹿げた質問でしょう。誰だって幸福になりたいにきまっています。幸福になりたいですか？　などと、わざわざ訊く必要はありません。

ですが、わたしに言わせると、現代日本人が本当に幸福になりたいと思っているか、だいぶ疑わしいのです。どうも昨今の日本人は、不幸になるように、不幸になるように努力しているように見えます。不幸になるように努力するなんて、そんなことするはずがない、と言われるかもしれません。でも、たとえば日本人は、みんな長寿を願っていますよね。長生きできるように努力しています。ところで、お聞きしたいのですが、長生きは幸福ですか？　長生きすると、人間は幸福になれるのでしょうか？

もちろん、長生きイコール不幸とは言えません。長生きしても幸福な人はおられます。それはそれでいいのですが、一般的に言えば、長生きすれば、体の機能は低下します。歯は抜けます。最近は立派な義歯が造られていますが、どれだけ精巧に造られた義歯でも、天然歯にはかないません。御馳走を食べて、天然歯で食べるときと人工義歯で食べるときと、うまさが違うそうです（わたしにはまだ体験がありません）。そうすると、年を取った人間は、それだけ確実に不幸なんです。だから、長寿イコール幸福ではありませんね。長生きしようと努力することは、皮肉な言い方をすれば、不幸になろうと努力していることではありませんか……。

わたしはときどき思うのですが、人間の体というものは、年をとると自然に衰えてきます。胃腸なども機能が低下します。だから、消化に悪いものは食べられなくなる。すると、うまくしたもので、歯も悪くなり、抜けてしまったりします。ところが、立派な人工義歯が出来ると、若い人と同じようにバリバリ食って、そのため胃腸に負担をかける……といったようなことはないでしょうか？

ともあれ、医学や科学の発達によって、寿命が長くなり、人間の生活は快適になりました。山海の珍味が食べられ、冷暖房完備で、テレビによって居ながらにして世界のあちこちの土地を旅することができます。実際に自分で海外旅行もできます。そういうふうになって、われわれの生活水準は向上しましたが、しかし、人間は幸福になったでしょうか……？　幸福になったと断言するには、やはりどこかためらいがありますね。

じつは、この問題は、「定義」の問題なんです。いったい、幸福とは何か？　わたしたちは幸福になりたい、幸福になりたいと願っていますが、何を、どういう状態を幸福と考えているのでしょうか……？　それがはっきりしないと、幸福になれません。

わたしはインドで、インド人から最近のジョークというものを教わりました。日本人がインドに来て、漁業講習会を開いてくれた。こういう道具・機械を使って、こんなふうにして魚を獲ると、現在の二倍も三倍も魚が獲れると教えてくれた。出席したインド人は感心した。ところが、一人のインド人が質問した。「なるほど、よくわかった。たしかにそのようにすれば、二倍も三倍も魚が獲れそうだ。だが、二倍も三倍も魚が獲れて、それでいったいどうなるのか？」

日本人には予期しない質問でした。それで、日本人はともかく、「そうなると、お金が儲かる」と答えたのです。だが、質問したインド人は、それでは満足しません。

「じゃあ、お金が儲かってどうなるんですか？」

です。

「暇が出来る」

インド人が尋ね、日本人が答えました。しかし、インド人はなおも追及してくるのです。

「なるほど、暇が出来るというのはよくわかる。それじゃあ、われわれはその暇をどうして潰せばいいのだ⁉」

日本人は、「ゴルフでもすればいいじゃないか」と言おうと思ったのですが、どうもインドの漁民にゴルフは似合わないので、こう答えました。「それじゃあ、魚でも釣っていればいいでしょう」

このジョークを話してくれたインド人は、ここで「あはは……」と笑ったのですが、わたしは笑う気になれませんでした。なんだか日本人のエコノミック・アニマルぶりがからかわれているように思えてなりません。

インド人は、貧しいけれども幸福なんですよ。いや、貧しいが故に幸福なんです。ところが、幸福とは何かを知らない日本人は、あるいは幸福について、お金があるのが幸福だとまちがって考えている日本人は、インド人を不幸だと思っています。そこに食い違いが生じるのです。これは悲劇です。わたしは、これは悲劇だと思っていますが、どうやら現代日本人の大多数はこれを悲劇だと気づいていないようです。

二つの幸福観

そこで、わたしたちは幸福になりたいのであれば、まずしっかりと幸福とは何かを知らねばなりません。幸福を知らずして幸福になれっこありませんよね（この点では、現代日本人は健康とは何かを知らないようです。健康を知らずして健康になりたいと思っているのです。ですから、平均値だとか標準値が気になってならない。何歳の女性の標準体力がこれくらいと示されると、それにとらわれてしまうのです。愚かなことですよね）。

そこで、幸福というものはどういうものかを考えてみましょう。そうすると、どうやら幸福に二種類あることがわかります。

その一つは、「競争の勝者に与えられる喜びから得られる幸福」です。これはまちがった幸福観ですが、現代日本人はたいていこのまちがった幸福観に毒されています。だから、日本人は幸福になれないのです。そして、もう一つの幸福は、「ほとけさまが与えてくださる幸福」です。これが本当の幸福なんです。もちろん、『般若心経』が教えてくれている幸福は、この本当の幸福なんです。『般若心経』は、わたしたちがどうすればこの「ほとけさまが与えてくださる幸福」を手に入れることができるか、その方法を教えた経典なんです。

ちょっと考えてみればわかることですが、現代の日本人はまちがった幸福観に毒されています。たいていの日本人は、競争の勝者が感ずる喜びが幸福だと錯覚しているのです。わたしは、これに、「競争型幸福観」と命名していますが、これでは本当の幸福は得られません。なぜって、二人が競争すれば、一人は勝者になり一人は敗者になるのです。勝者が幸福になれても、一人は不幸になるのです。いや、二人に一人ではありませんね。たとえば、百人が競争すれば、下位の五十人は敗者で不幸ですが、上位の五十人の全部が幸福ではありません。上位の五十人の中にも自分より上位の人間を羨む人が多いですから、百人のうち十人、二十人ぐらいしか幸福になれないのではないでしょうか。

しかも、競争の勝者も、永遠の勝者ではあり得ません。必ずいつか転落します。すると勝者は、勝者でいるあいだは未来の転落に怯えて暮らさねばなりません。そして、転落した暁には、敗者の不幸を味わわねばならない。それで幸福といえるでしょうか……。

いま日本人が、金持ちになれれば幸福だと思っている、その幸福は「競争型幸福観」にもとづくものです。金持ちになっても、自分より上の金持ちがいれば、その人に羨望の気持ちが出てきますから、幸福にはなれません。そして、金持ちは未来の転落の不安に怯えて暮らさねばなりません。どう考えても幸福じゃないですね。そこへいくと、「ほとけさまのくださる幸福」は本物の幸福です。この幸福は、誰にでも与えられる幸福です。百人が百人、幸福になれる幸福です。勝者には与えられるが、敗者は泣かねばならない、といったものではありません。

では、「ほとけさまのくださる幸福」とはどういうものでしょうか？　われわれはどうすれば、その「ほとけの幸福」を得られるのでしょうか？　簡単です。自分と他人を比較しなければよいのです。

比較しない――ということは、物差しを使わないことです。わたしたちは事物を見るとき、物差しを使います。物差しを使わないと判断できないのですが、しかしわたしたちの持っている物差しはゴム紐の物差しです。そんなゴム紐の物差しでもって、自分勝手な判断をしているのです。このことについては、すでに書きました。したがって、比較しないということは、わたしたちが持っているそのゴム紐の物差しを捨ててしまうことです。いっさい自分勝手な判断はしません、ということです。ゴム紐の物差しを捨てて、自分と他人を比較しないようにすれば、わたしたちは簡単に幸福になれるのです。その幸福が、「ほとけさまがくださった幸福」です。

では、どうすれば、わたしたちはゴム紐の物差しを捨てられるでしょうか……？

それは、わたしたちが、「いまある、このままの自分」に満足すればいいのです。いまある、このままの自分が、ほとけさまのくださったものだと気づき、それに満足できれば、たちまちわたしたちは幸福になれるのです。

いまある自分に満足できない〝餓鬼〟

餓鬼《がき》というものをご存じですか？　餓鬼とは飢餓《きが》に苦しむ存在である——といえば、下手な洒落になってしまいます。仏教では、生きているあいだに悪いことをした者が、死後餓鬼道に堕ち、飢餓に苦しむとされています。

ところで、その餓鬼には三種あるそうです。『倶舎論《くしゃろん》』という、五世紀のころにインドでつくられた仏典に、「餓鬼に三種あり」と説かれています。それは、①無財餓鬼、②少財餓鬼、③多財餓鬼の三種です。無財餓鬼とは、なんの財産も持っていない餓鬼で、したがって裸体でいます。少財餓鬼は、ほんの少し財産を持っています。といっても、ボロ切れ一枚程度です。この二つの餓鬼は、わたしたちにお馴染みの存在です。これらの餓鬼は、地下の世界、地獄のすぐ近くに住んでいます。

ところが、もう一種の餓鬼がいるのです。それは多財餓鬼で、多くの財産を持った餓鬼です。リッチな餓鬼です。衣食住に恵まれ、大邸宅に住み、山海の珍味をたらふく食べています。そして、人間世界に、人間の姿をして住んでいます。ということは、ひょっとすると、あなたの近くにも多財餓鬼がいるかもしれませんね。

わたしは最初、『倶舎論』を読んで多財餓鬼の存在を知ったとき、「えっ、どうしてそれで餓鬼なの……⁉」と、納得できませんでした。だって、餓鬼といえば、痩せ細った惨めな存在です。それが常識です。贅沢三昧をして、肥満体の餓鬼など、想像できないですよね。

でも、そもそも餓鬼とはいかなる存在か……と、わたしなりの餓鬼の定義をしたとき、多財餓鬼の存在がよくわかりました。わたしの餓鬼の定義は、「餓鬼とは、自分が持っているもので満足できない存在である」というものです。財産が多いか少ないかは餓鬼の条件ではありません。お釈迦さまの時代、インドのお坊さんにはほとんど財産がなかったのですが、しかし彼らはそれで満足していたから餓鬼ではありません。一方、多財餓鬼のほうは、財産をしこたま持っていても、贅沢三昧の生活をしていても、彼らはそれで満足できないのだから餓鬼なのです。

『倶舎論』の言っていることは、まちがいではなかったのです。だとすると、われわれ日本人は多財餓鬼だということになりませんか。こんな贅沢な生活をしていて、なおも満足できずに、「もっと、もっと」と言っているのですから、多財餓鬼もいいところです。

ということは、逆に、「多財餓鬼」とは「エコノミック・アニマル」である、ということになります。わたしは、「エコノミック・アニマル」を「金の亡者」と訳したらぴったりだと思っていたのですが、『倶舎論』は千五百年も昔に「エコノミック・アニマル」の訳語（〝多財餓鬼〟）をつくっていたのです。驚きました。

それはともかく、「競争型幸福観」というものは、とりもなおさず、「餓鬼の幸福」なんです。小学生の子どもが算数のテストで九十点をとっても、クラスの平均点が九十三点だと聞いたとたん、（なんだ、つまらない……）と、たちまち不幸になってしまうのですから、これは「餓鬼の幸福」なんです。こんなものは本当の幸福ではありません。本当の幸福は、「ほとけさまがくださる幸福」です。

「ほとけの幸福」は、自分がいま持っているもので満足する幸福です。ですから、ここではゴム紐の物差しは使われていません。いまある、そのままの自分に満足しているのですから、ここでは他人と自分を比較することがないのです。だから、百人が百人、全員が幸福になれる幸福です。そして、その幸福は、わたしたちが簡単に得られる幸福です。

いまここにこうして生きている自分という存在が、ほかならぬほとけさまのくださったものだと思えばいいのです。わたしの「いのち」はほとけさまがくださったものです。わたしのこの身体も、性格も能力も、すべてほとけさまからのいただきものです。わたしたちがそのことに気づきさえすれば、わたしたちは簡単に幸福になれます。仏教はそのように教えているのです。

5 観音さまはお見通し

観音さまのお経

さて、『般若心経』といえば、じつは、「観音さまのお経」なのです。これはわかりきったことなのですが、あんがい気づかれていません。

『般若心経』の最初の文章を読んでみましょう。

「観自在菩薩《かんじざいぼさつ》。行深般若波羅蜜多時《ぎょうじんはんにゃはらみったじ》。照見五蘊皆空《しょうけんごうんかいくう》。度一切苦厄《どいっさいくやく》」

『般若心経』はこのような文章ではじまっています。ここまでが一つの文章です。これを読み下し文にすると、「観自在菩薩《かんじざいぼさつ》が般若波羅蜜多《はんにゃはらみった》を行深《ぎょうじん》された時、五蘊《ごうん》はみんな空《くう》だと照見されて、一切の苦厄《くやく》を度《ど》されました」となります。こんなふうに読み下してみても、ちんぷんかんぷんだと思いますが、それでいいのです。ともかく、「観自在菩薩が……かくかくしかじかで……一切の苦厄を度された」ということだけわかればいいのです。度されたというのは「克服された」ということです。

『般若心経』が言いたいことは、わたしはこの冒頭の一文で言い尽くされていると思っています。つまり、「観自在菩薩が苦しみを克服された」というのが、『般若心経』の言いたいことなんです。だから、わたしたちも観自在菩薩にならって苦しみを克服しましょう……と、『般若心経』はわたしたちに呼びかけているのですね。それさえわかれば、わたしたちはもう『般若心経』を卒業したことになります。

ところで、観自在菩薩です。いったいこの菩薩はどういう人ですか……?

じつは、この観自在菩薩というのが、観音さまなのです。原語のサンスクリット語では、この観自在菩薩を、〝アヴァローキテーシュヴァラ〟といいます。これを、『般若心経』を訳した玄奘三蔵《げんじょうさんぞう》は〝観自在菩薩〟と訳し、『法華経』を訳した羅什《らじゅう》三蔵は〝観世音《かんぜおん》菩薩〟と訳しました。そして、〝観世音菩薩〟を省略して〝観音菩薩〟といい、また親しみをこめて〝観音さま〟と呼びます。だから、〝観自在菩薩〟も〝観世音菩薩〟〝観音さま〟も同じ人なんです。

それはともかく、観音さまを主人公にしたお経に、『観音経』があります。この『観音経』は、『法華経』の中の一章を独立させて『観音経』と名づけたものです。したがって、『般若心経』と『観音経』は、ともに観音さまを主人公にした姉妹経典なのです。ところで、〝観世音菩薩〟あるいは省略形の〝観音菩薩〟ですが、この名前はおかしいと思われませんか？　〝観自在菩薩〟は、〝観自在菩薩〟はいいのです。「自由自在にものを観《み》ることのできる菩薩」ですから、別段おかしくありません。

しかし、〝観世音菩薩〟は「世の中の音を観る菩薩」、〝観音菩薩〟は「音を観る菩薩」ですから、おかしいですよね。音は聞く（聴く）ものであって、観るものではありません。〝聞音《もんのん》菩薩〟〝聴音《ちょうおん》菩薩〟であればわかりますが、〝観音菩薩〟は変ですね。

それから、ちょっと〝菩薩〟について解説しておきます。菩薩というのは、簡単に言ってしまえば、「仏《ぶつ》に向かって歩みつづける人」です。仏というのは、もちろん悟りを完成させた人です。その仏の教え（仏の教えが仏教ですね）を学んで、仏に向かって歩んでいく人が菩薩です。

だとすると、あなたもわたしも菩薩だということになりそうですね。なぜなら、わたしは仏教を学んでいるからです。そして、読者も、いまこうして『般若心経』の勉強をしておられるのだから、仏に向かって歩んでいるといえます。だから、菩薩だ……ということになりませんか。そうなんです。仏教の教えでは、わたしたちみんなが菩薩なんです。

観音菩薩も菩薩だし、お地蔵さん、すなわち地蔵菩薩も菩薩です。そして、わたしたち仏教の勉強をしている者はみんな菩薩です。もちろん、観音さまやお地蔵さんは、仏に近いところを歩んでおられます。その実力は、仏とくらべて遜色がありません。偉い偉い菩薩です。それに対してわたしたちは、仏に向かってほんの一、二歩を歩みはじめたばかりの菩薩です。新米の菩薩であり、菩薩の赤ちゃんです。それでも、わたしたちはみんな菩薩なのです。そう言っているのが仏教なんですよ。

菩薩さまの菩薩行

それにしても、「観音」ということばはおかしいですね。音は聞く（聴く）ものであって、観る（見る）ものではありません。それなのに、なぜ、観音さまには「観音」といった名前がついているのでしょうか……？

それについては、わたしはこう考えています。観音さまの仕事は、衆生済度《しゅじょうさいど》です。衆生というのは、生きとし生けるものすべてです。人間ばかりでなく、牛や馬、蠅や蚊にいたるすべての生き物が衆生です。その衆生を済度する（救済する）のが観音さまの仕事です。

もっとも、仕事といえば、その仕事の報酬に金銭が支払われるかのように思われます。でも、それは違います。観音さまが衆生済度の働きをされるのは、あくまで無償の行為としてそれをされるのです。いや、観音さまにかぎらず、すべての菩薩が衆生済度をされるのは、報酬をともなわない無償の行為です。そのような無償の行為を、「菩薩行《ぼさつぎよう》」というのです。

先程も述べたように、わたしたち凡夫も新米の菩薩であり、菩薩の赤ちゃんです。それはそうですが、正しく言えば、わたしたちが報酬を期待しないで他人を助けてあげる行為（それが菩薩行ですね）をしたとき、わたしたちは菩薩になれるのです。そして仏教では、そのように報酬を期待しないでする菩薩行を、「布施行《ふせぎよう》」とも呼ぶのです。したがって、観音さまの仕事は、衆生済度の菩薩行であり、布施行です。

それから、ここでちょっと脱線して言及しておきます。お地蔵さんについてです。お地蔵さんも観音さまと同じく菩薩です。したがって、お地蔵さんもまた衆生済度の仕事——菩薩行——をなさっておられます。お地蔵さんのうちに、水子地蔵があります。

水子地蔵というのは、とりわけ水子の救いを専門にしておられる地蔵菩薩です。水子は、賽《さい》の河原で鬼たちにいじめられています。そうした水子を、お地蔵さんがほとけの国に連れて行ってくださる。そのように考えられています。それが水子地蔵です。それでわたしはいつも言っています。もしも水子をつくって苦しんでいる人がおいでになれば、お地蔵さんにお願いをしなさい、と。お地蔵さんにお願いをすれば、水子はほとけの国に行けるのです。

でも、そのとき、あなたはお金を払ってはいけませんよ……。わたしはそう付け加えます。なぜなら、そんなことをすれば、お地蔵さんはきっとこう言われます。

「わたしが水子をほとけの国に連れて行くのは、わたし自身の菩薩行としてしていることです。あなたがお金を払って問題を解決しようとするのであれば、宅配便にでも頼みなさい。わたしは配達屋さんではありませんからね……」

世の中には、しこたまお金を取って、水子供養を商売にしているインチキ宗教が多すぎます。お金を取ってするものは、すべてインチキ宗教と思ってまちがいありません。お地蔵さんにしろ観音さまにしろ、すべてほとけさまがやっておられるのは「菩薩行」です。金銭に関係ありません。菩薩行とはそういうものだということを、読者はしっかりとおぼえておいてください。

観音さまはお見通し

観音さまの仕事は、衆生済度の菩薩行です。人々が苦しみの中で、「観音さま、助けて――」と救助信号を発すれば、たちまち救済に駆《か》けつけられるのが観音さまです。その救助信号が、「南無《なむ》観世音菩薩」のお称名です。

けれども、観音さまが本当に人々を救うためには、その「南無観世音菩薩」の救助信号を待っていては駄目なのです。川で溺《おぼ》れている人を救うのに、「助けて――」の救助信号を聞いてから駆けつけると、その人は水に流され溺死しているかもしれません。なぜなら、音が伝わるスピードが遅いからです。音は空気中を、だいたい秒速三百四十メートルぐらいで伝わります。それに対して、光の速さは、一秒間に約三十万キロメートルです。だから、夜空の花火も、「ドン」と音を聞いてから空を眺めると、もうあらかた終わっているのです。

そこで観音さまは、音を聞くのではなしに音を観るのです。溺れている人が「助けて――」と救助信号を叫ぶ、その口元をじっと観ておられます。そうしてその口元が救助信号を発すると、すぐさま救済に駆けつけられるのです。そのようにすれば、救助信号が発せられたその瞬間に行動を起こすことができますものね。

でも、じつは、これでも間に合わないのです。「観音さま、助けて――」の救助信号を観たあとで救助に駆けつけても、手遅れになることがあります。なるほど、口元を観ていれば、声を聞くより先に救助を求める信号をキャッチできます。それはいいのですが、しかし救助信号をキャッチしてから救助に駆けつけるのであれば、駆けつけるまでに時間がかかりますから、間に合わない場合もあります。

それに、溺れている人間が、救助信号を発しない場合もあるのです。

それからさらに、助けを求めている人を全部救ったのでは、本当の救いにならないこともあります。というのは、わたしたちは溺れることによって泳ぎをマスターするからです。溺れて、もがき苦しんで、それで泳ぐ要領がわかります。わたしも二、三度、溺れて大量の水を飲んだ経験があります。だから、しばらくは溺れさせておいたほうがよいのです。いや、それだと、溺死する人もいます。そのような人には、すぐに救助の手を差し伸べる必要があります。その見分けがむずかしいのです。

だから、観音さまは、じっと観ておられるのです。その人が溺れる前から、いや、泳ぎをはじめたその時から、観音さまはじっとその人を観ていてくださるのです。

溺れる――というのは、わたしは譬喩《ひゆ》として言っています。これは、わたしたちが人生で遭遇するさまざまな災難です。たとえば、病気がそうです。病気になって、わたしたちが苦しみの中で、「観音さま、助けてください」とお願いします。それが「南無観世音菩薩」のお称名ですが、観音さまはその称名の声を聞くのではなしに、その声を観ておられるのです。いや、わたしたちが病気になる前から、観音さまはじっとわたしたちを観ていてくださっているのです。

ということは、観音さまはいつもいつも、わたしたちを観ていてくださるほとけさまです。わたしたちが病気になる前から、人生の苦しみに遭遇する前から、たぶんわたしたちの誕生の瞬間から、じっとわたしたちを観ていてくださっています。だから、わたしたちが苦しみに遭遇したとき、わたしたちが救助信号を送らなくても、観音さまはちゃんと救いの手を差し伸べてくださるのです。観音さまはそういうほとけさまです。

それ故、場合によると、観音さまはあなたに救助の手を差し伸べてくださらないこともあります。それはなぜかといえば、あなたに泳ぎをおぼえてほしいからです。溺れることによって、あなたは泳ぎをマスターできるのです。あなたが溺死するような人間でないことを観音さまは知っておられて、しばらくあなたを溺れさせておかれるのです。

あなたが病気になって、しかもその病気がなかなか治らない。でも、観音さまを信じてください。観音さまはあなたに、すばらしい体験をさせようと思っておられるのです。病気になったとき、人間はこの人生の美しさに気づくのです。健康なときには見えない、世界の美しさが見えてきます。あなたが病気に耐えられるだけの強い人間であるからこそ、観音さまはあなたにすばらしい体験をさせようとしておられるのです。そのことをしっかりと信じて、あなたは病人として幸福に生きてください。なにも病気イコール不幸ではないのです。健康であっても不幸な人が大勢いるように、病気であっても幸福な人はたくさんいます。あなたは幸福な病人になればいいのです。観音さまを信じていれば、あなたはきっと幸福になれます。

じつは、苦しんでおられるのは観音さまのほうなんですよ。観音さまはあなたにすばらしい人生をプレゼントするために、あなたが救いを求めてもすぐに救済の手を差し伸べず、しばらくあなたを苦しみの中に置かれています。観音さまにすれば、とてもつらいことです。わたしたちであれば、子どもが苦しんでいるようなとき、すぐに手を差し出してしまうのですが、それを観音さまは手を出さずにじっと観ておられる。じつは、そのことが、「観自在」なのです。「自由自在に観る」ということは、観音さまのそういう働きです。

だからこそ、同じサンスクリット語のことばを、

『観音経』を訳した羅什三蔵は……「観世音菩薩」

『般若心経』を訳した玄奘三蔵は……「観自在菩薩」

と訳したのですね。『般若心経』は、そのような観自在菩薩＝観音さまのお経なのです。

6　レッテルをはがせ！

レッテルを貼るな！

溺《おぼ》れている人を救う——といえば、こんな話があります。ここに大きな池があって、あなたの母と妻が溺れています。その場合、どちらを先に救うべきでしょうか……？

じつは、これは禅の話です。ある禅僧が禅の話をして、聴衆に質問しました。母と妻とどちらを先に救うべきですか？　と。

ある人は答えます。もちろん、母を先にすべきです。だって、儒教においては、「孝」が最優先原理とされています。妻より母を先に救わねばなりません、と。ですが、その意見に対して、反対意見が出されます。なるほど、儒教ではそうかもしれない。しかし、キリスト教の考え方だと、神は最初に「夫婦」をつくられた。だから、妻を先に救うべきである、と。

それで、人々の意見はまとまりません。中には、「妻を先にすべきだと言うが、それは妻によりけりだ」といった、不謹慎な意見を言う者も出てきました。「老師、どちらを先にすべきですか？ お教えください」と、聴衆の代表が言います。結局、降参したのですね。「そうじゃな、わしであれば、近くにいるほうから先に助ける」。これが禅の考え方です。禅の智慧《ちえ》です。

わたしたちは問題を、「妻」だとか「母」だとか、レッテルを貼り付けたままで考えます。けれども、そのレッテルをはがして考えれば、そこにいるのは、「ただの人間」です。ただの人間が二人、池で溺れているのです。だとすれば、わたしたちは近くにいる人から先に助ける——といった考えになりますね。禅の考え方は、そういう考え方なのです。

じつをいえば、これが『般若心経』の言っている、「空《くう》」です。「空」ということばは大乗仏教の根本哲学ですから、なかなか難解です。難解だから、いろいろに解釈できるのですが、いま、ここでは、「差別するな」「こだわるな」「レッテルを貼るな」「レッテルをはがせ」といった意味だとしておきます。

前にも言いましたが、わたしたちが物を見るときに使っている物差しはゴム紐の物差しです。一メートルの棒を見たとき、あなたが二メートルの棒が欲しいと思っていると、その棒は「短く」なります。ところが、五十センチの棒を期待しているときは、一メートルの棒が「長く」なるのです。そのことを『般若心経』は、物そのものは「空」であって、それをあなたの心が勝手に「長い」「短い」と差別しているのだ、と言っているのです。そして、わたしたちが勝手に「長い」「短い」と差別して、その差別にこだわっているのを、『般若心経』はそんな愚かなことをしてはいけない──と叱っているのです。だから「空」とは、「差別するな！」「こだわるな！」といった意味になります。

また、「レッテルを貼るな！」というのは、わたしたちは「空」なる物を勝手にゴム紐の物差しで測って差別して、さまざまなレッテルを貼りつけているのですね。「これは高価な茶碗」「これは安物」とレッテルを貼り、それにこだわっています。「いい子」「悪い子」「普通の子」だとか、「社長」「部長」「平社員」だとか、「すばらしい亭主」「駄目な父ちゃん」だとか、ベタベタ、レッテルを貼っています。

そしてそれにこだわり、自縄自縛になっています。そのような愚かなことをしてはいけない。すでにレッテルが貼られているのであれば、そのレッテルをはがしなさい！　レッテルを貼るな！　というのが、『般若心経』のわたしたちに対するアドヴァイスです。

レッテルといえば、昔、こんないたずらをしたことがあります。高級ウイスキーの瓶に安物のウイスキーを入れておいて、やって来た友人に飲ませました。彼は「違いがわかる男」だと自分で言っていたのですが、みごとに引っ掛かって、安物の国産ウイスキーを、「さすが舶来品！」と褒めていました。そういうものですよね。

じつは、本当の「うまさ」は、雰囲気なのです。いい友達といい会話があれば、どんなウイスキーもおいしく飲めるのです。それなのに、「安物」というレッテルを貼って、「うまくない」と思って飲むなんて馬鹿げています。「空」とは、レッテルをはがしなさいということなんですよ。

無用な差別をするな！

だいぶ前のことですが、母と妻のどちらを先に助けるべきか……の話を、テレビに出演して話したことがあります。江戸時代の禅僧の良寛さんをテーマにしたテレビ番組でした。良寛さんの道号は、「大愚」といいます。つまり、良寛さんは「大愚良寛」なのですが、この「愚」というのはどういう意味か、解説を求められました。

司会者が、「ひろ先生、大愚良寛の〝愚か〟というのは、どういう意味ですか……？」と問いかけてきたとき、「いいですか、ここに大きな池があって、あなたのお袋と女房が溺れています……」と話しはじめました。そして、隣にいるテレビ・タレントに、「あなたであれば、どちらから先に救われますか?」と質問しました。ところが、横にいた人がよくなかった。その人は、「えっ、わたしですか? わたしであれば、近くにいる人から助けます」と答えたのです。もちろん、それでいいのです。『般若心経』の教えからすれば、それが正解です。でも、わたしにすれば、正解を先に言われたのでは困ってしまいます。一瞬、(しまった!)と思いましたね。けれども、わたしはとっさの機転で、こう応じました。「それが正解です。でも、正解を先に言われたのでは困りますね。それじゃあ、問題をつくり変えます。ここに大きな池があって、あなたの子どもと他人の子が溺れています。そのとき、あなたはどちらから先に救いますか……?」

「自分の子と他人の子ですか……? そうであれば、近くにいる他人の子をまず沈めて殺しておいてから、自分の子を先に救いますね」

タレントの方は、そんなユーモアで答えてくださった。そこで、わたしがこう言ったのです。

「でしょう。あなたは、お袋か女房か、ということであれば、レッテルをはがして、ただの人として、近くにいる人から先に助けますね。でも、自分の子、他人の子ということになれば、もはやレッテルははがせません。けれども、良寛さんであれば、自分の子、他人の子であっても、レッテルをはがせるのです。それが〝愚〟なんですよ。大愚良寛とは、そのような意味です」

『般若心経』の教えは、そういうことです。これを仏教のことばでいえば、「無分別《むふんべつ》智《ち》」といいます。「ほとけさまの智慧」というのは「無分別智」です。

わたしたちの「凡夫の智恵」は「分別《ふんべつ》智」です。世間一般においては、「分別」のあることはいいことです。でも、「分別」というのは、差別することです。大きい、小さい、きれい、汚い、損した、得した……と、わたしたちは物事を差別します。

しかし、物そのものは「空」なんですよ。その「空」なる物を、わたしたちは勝手に、ゴム紐の物差しでもって差別しています。そのように差別する智恵・損得の智恵・凡夫の智恵が「分別智」です。

けれども、仏教においては、「差別するな！」と教えています。そして、物事を「分別」しないで、「空」の立場に立って見る見方をすすめているのです。

それが「無分別智」です。世間一般においては、「無分別」はよくないのですが、仏教においては「無分別」がいいのです（そういえば、世間においては、「無学の人」といえば、学問・教養のない人で、マイナス・イメージです。ところが、仏教においては、「無学の人」といえば最大級の褒め言葉です。なぜなら、「無学の人」といえば、すでに学ぶことを完成させて、もはや学ぶ必要のなくなった人のことです。仏教の言葉と世間一般の言葉では、逆の意味になるものがあります)。

もっとも、わたしが、仏教の教えは「分別するな!」である——と話したら、妻から注意を受けました。家庭でゴミを回収に出すときには、燃えるゴミ、燃えないゴミを「分別《ぶんべつ》」しなければならない、と言うのです。まあ、そう言われるとその通りです。でも、それは〝ぶんべつ〟であって、仏教で言っているのは〝ふんべつ〟ですよね。少し言葉が違っています。

その点では、仏教で言っているのは、「差別」をするな——であって、「差別」と「区別」は区別したほうがいいと思います。どう区別するかといえば、

差別は……無用な差別

区別は……必要な区別

とすればいいでしょう。わたしたちは、する必要のない差別をしています。そういう差別をやめろ! と、『般若心経』は教えています。

「般若」とは「ほとけの智慧」

この良寛さんの「愚」について、もう一つ別の例をあげて説明しましょう。わたしの知人にお寺の住職がいます。その人が、自分の子どもについてこう話していました。「世間の人はこの子の智恵が遅れていると言うが、この子の智恵は遅れていない。ただ、普通の子と違った、別種の智恵を持っているのだ」

その子は、三人きょうだいの真ん中の子です。お兄ちゃんと妹がいますが、お兄ちゃんと妹が外に遊びにいっているとき、その子におやつをあげても絶対に食べません。お兄ちゃんや妹が帰宅するまで待っているのです。

あるとき、三人の子にケーキが二つしかなかった。母親はどうしてもそうなるのですが、その真ん中の子に一つのケーキを与え、お兄ちゃんと妹には残った一つを半分ずつにして食べさせようとしました。ですが、その子は、自分の前に置かれたケーキを食べようとしません。言葉も喋れない子なのですが、黙って一つのケーキを眺めています。(どうして食べないのかしら……?)と思った母親が、そこではっと気がついて、そのケーキを半分に切り、半分を母親が食べはじめました。するとその子は、喜んで半分のケーキを食べはじめたのです。

「この子の智恵が遅れている、と世間の人は言う。なるほどこの子には、お兄ちゃんのケーキのほうが大きい、ぼくのケーキは小さくて、ぼくは損をしていると、損した得したと考える智恵は遅れているかもしれません。そういう〝損得の智恵〟は遅れていますが、お兄ちゃんや妹が半分しかケーキを食べられないとき、自分は一個を全部食べてはいけないのだ——と考える智恵は持っています。それが〝ほとけさまの智慧〟です。その〝ほとけさまの智慧〟は、〝損得の智恵〟を基準にすれば、〝愚か〟ということになります。でも、その〝愚かさ〟が〝ほとけさまの智慧〟なんですよ。だから、この子の智恵は遅れているのではなく、世間の子とは別種の智恵を持っているのですよ」と、住職をしている父親は言っていました。

良寛さんの〝大愚〟というのは、そのような「ほとけさまの智慧」だと思います。そして、『般若心経』が言っている〝般若〟というのも、そのような「ほとけさまの智慧」なのです。

〝般若〟ということばは、インドのサンスクリット語の〝プラジュニャー〟(その俗語形が〝パンニャー〟です)を音訳したものです。〝プラジュニャー〟(〝パンニャー〟)は「智慧《ちえ》」という意味です。

この「智慧」は、わざわざ〝智慧〟といったふうにむずかしい漢字で書くように、普通の「智恵」とは違っています。つまり、仏教では、「智恵」と「智慧」を区別するのです。

智恵は……損得の智恵。事物をゴム紐の物差しで測って差別し、その差別にこだわった智恵。

智慧は……ほとけさまの智慧。事物を差別せず、こだわりのない見方で見る智慧。

簡単にいえば、「凡夫の智恵」と「ほとけの智慧」です。お兄ちゃんや妹が半分しかケーキを食べられないとき、自分はまるまる一個を食べてはいけないとわかる智慧が、ほとけの智慧ですね。そして、それが「般若」なのです。『般若心経』はわたしたちに、そのような「般若」イコール「ほとけの智慧」を持ちなさい——と教えているのです。

7　苦しみ、悲しみに実体はない

苦しみ、悲しみは「空」

「泣き面《つら》に蜂」――といったことばがあります。泣いている顔をさらに蜂が刺す、不幸の上に不幸が重なる、まさに踏んだり蹴ったりの状態です。

「でも、それがいいのですよ。わたしはそう思いますね」と、わたしが言えば、たいていの人は怪訝《けげん》な顔をされます。そんな不幸の重なった状態を、どうして「よい」と言えるのか!?　そんな非難の目が返ってきます。

しかし、ちょっと考えてみてください。とても大きな不幸に見舞われて、それで自殺した人はいます。ところが、不幸の上に不幸が重なって、泣き面に蜂どころか、さらにおできにめばちこ（あっ、これは大阪弁でした。東京ではものもらいと呼びます）、花粉症と顔面神経痛を併発して、それで自殺した人はいません。そう思われませんか。

不幸というものは、単独であれば、やけに重くのしかかってきます。こちらはその一つのことに集中して悩みに悩み、耐えきれなくなって、それで自殺するんですね。しかし、不幸があれこれ重なってしまうと、それをいちいち悩む暇がなくなって、あんがい気にしなくなります。

どうもこの点は統計的に立証できず、まあわたしが感じたままを言っているのですが、しかし講演会などでこの話――「泣き面に蜂」がいいのですよ――をすると、多くの聴衆が頷いてくれます。そう言われるとそうだなあ……というわけなんですね。不幸や悲しみ、苦しみ、災厄は、あんがい重なったほうが耐えやすいようです。

どうしてでしょうか……?　まあ、不幸や苦しみというものは、わたしたちがそれを気にしはじめると、ますます気になるものです。夫が死んで、妻がそれを悲しむ。子どもが死んで、親がそれを悲しむ。そのとき、そのことばかりを悲しんでいたのでは、悲しみはなくなりません。子どもの死の場合、父親は会社があるから、悲しみが仕事で分散されるのですが、母親は分散されないので、そのことばかりを悲しみつづけ、なかなか立ち直れません。夫の死もそうですね。

だから、夫の死を悲しんでいる妻に、そこに息子が病気をしたとか、嫁いだ娘が離婚をして実家に帰ってきたとか、おまけに実弟が詐欺にあって、姉に救済を求めてきたとかが重なると、あんがい夫の死の悲しみを忘れるものなのです。

ただ、その場合、わたしたちには、「悲しみを忘れてはならない」といった、一種の強迫観念があります。子どもが死んだとき、親はわが子の死を悲しまねばならぬ……と思ってしまうのです。悲しまねばならぬのに、いつか気が紛れてわが子の死を忘れてしまい、ついつい何かで笑ってしまった自分が恕《ゆる》せないと思うものです。

それで必死になって、悲しみを増幅しようとする。亡くなった人のために記念植樹をしたり、追悼文集を出版したりするのです。それは、本質的に、「こだわり」なんですが、本人はそれに気づいていません。そうすると、悲しみが複雑になり、すっきり解消できなくなります。『般若心経』が言っているのは、ここのところなんですね。

『般若心経』が、「空」だというのは、悲しみは「空」であって、実体がないということです。実体がないものをわれわれが「悲しみ」に仕立て上げて、それを後生大事に保存しているのです。そんな馬鹿げたことをやめなさい――と、『般若心経』はわれわれに忠告してくれているのです。それが「空」の教えです。

その意味では、ほとけさまはなかなか粋《いき》な計らいをしてくださいます。不幸・悲しみに打ち拉《ひし》がれた人に、さらに一発、二発、三発の不幸・災厄・悲しみを見舞ってくださいます。それによって、その人が「すべては〝空〟だ」とわかり、悲しみを克服できるようにしてくださっているのです。

わたしたちは、ときに愚痴を言いたくなります。ほとけさまに怨みのことばを言いたくなります。「なぜ、わたしだけがこんなに苦しまないといけないの……!?」と。しかし、数多くの苦厄に見舞われることは、あんがいほとけさまの粋な計らいなんです。それが観音さまの救いなんですよ、きっと。観音さまはそういうかたちで、わたしたちに救いをくださっているのです。ただ、わたしたちがそれに気づいていないだけです。それに気がつけばいいのです。そうすると、わたしたちはずっとずっと楽になれますよ。

「度一切苦厄」

古代インドのバラモン教の文献である『ブラーフマナ』に、ちょっといい話が出てきます。

ヤマが死にました。このヤマは、インド神話においては人類第一号とされています。そして、このヤマが仏教においては「閻魔《えんま》」と呼ばれて、死者の裁判官になります。

ヤマの妻はヤミー。二人は双生児でした。だから、二人が結婚したのは近親相姦になりますが、なにせヤマは男性第一号、ヤミーは女性第一号ですから、二人が結婚する以外になかったのです。

ヤミーは夫の死を悲しんで、泣いてばかりいました。

じつはそのころ、この宇宙には「夜」がなかったのです。それでヤミーは、「きょう、ヤマが死んだ」と言って、悲しみつづけていました。だんだんに憔悴します。神々は、なんとかヤミーを慰めようとします。しかし、いつまでたっても、ヤミーは、「きょう、ヤマが死んだ」と言いつつ涙を流しているのです。

そこで神々が相談して、この宇宙に「夜」をつくりました。

一夜が明けると、ヤミーは、「きのう、ヤマが死んだ」と言いました。そして、その「きのう」が「おととい」になり、やがてそれが「数ヵ月前」になったとき、ヤミーは夫のヤマの死を忘れることができたのです。

ね、なかなかいい話でしょう。悲しみに実体はありません。実体がないことを「空」といいます。悲しみは「空」なんです。だから、わたしたちは、それを忘れることによって克服できるのです。もしも悲しみに実体があれば、それはいつまでもなくならないのです。「空」だから、悲しみが消えるのです。

このように、「忘れる」ことによって悲しみを克服しようとする方法を、わたしは、

「時間」による解決法――と呼んでいます。苦しみや悲しみを「時間」の中に放置してやれば、それは自然に消えてなくなるのです。

『般若心経』がわたしたちに教えてくれているのは、わたしは、この「〝時間〟による解決法」だと思います。『般若心経』の原文を、少し読んでみましょう。

「観自在菩薩《かんじざいぼさつ》。行深般若波羅蜜多時《ぎょうじんはんにゃはらみったじ》。照見五蘊皆空《しょうけんごうんかいくう》。度一切苦厄《どいっさいくやく》」

これが『般若心経』の最初の文章です。この中で、まだ解説していないことばもありますが、いちおうこれを現代語訳しておきます。現代語訳によって、この文章がどういうことを言っているのか、理解してください。

「観自在菩薩《かんじざいぼさつ》は、別名を観世音菩薩《かんぜおんぼさつ》といい、一般に〝観音《かんのん》さま〟と呼ばれ親しまれている菩薩《ぼさつ》（仏《ぶつ》に向かって歩んでいる者）です。その観自在菩薩は、かつて大乗仏教の仏道修行法である般若波羅蜜《はんにゃはらみつ》――ほとけの智慧の完成――を深く実践されましたが、その時、精神も肉体もいっさいが〝空《くう》〟（実体がなく、相対的であること）であることを照見《しょうけん》され、すべての苦しみや災厄《さいやく》を克服されました」

じつをいえば、サンスクリット語の原典の『般若心経』を読みますと、この最後の「度一切苦厄（すべての苦しみや災厄を克服されました）」に相当する文章がありません。つまり、原典は、観音さまは精神も肉体もいっさいが「空」であることを照見された――と言っているだけなんですが、その原典を中国語に翻訳した玄奘三蔵《げんじょうさんぞう》が「度一切苦厄」を付け加えられたのです。

玄奘三蔵は、『般若心経』が説いていることの中心は、この、「度一切苦厄（すべての苦しみや災厄を克服する）」ことにあるのだと考えて、ここに五文字を追加されたのですね。それによってわれわれには、『般若心経』の考えていることの中心は、この「度一切苦厄」だということがよくわかります。

しかし、苦しみ、災厄を克服するといっても、『般若心経』は、それを「空」という考え方にもとづいてしなさいと言っているのですよ。つまり、苦しみは「空」だ、苦しみには実体がないと知ることによって、苦しみを克服できると言っているのです。苦しいから酒を飲んで憂さを晴らそうだなんて、そんなことは『般若心経』は言っていません。その点をまちがえないでください。

禅僧たちの解決法

不幸や災難、苦しみや悲しみは「空」です。実体がありません。実体がないからこそ、わたしたちはそれを克服できるのです。たとえば、「忘れる」という方法によって。あるいは、次から次へと災難に見舞われ、一つ一つの苦しみ、悲しみにひたっていられないので、それを「気にしない・こだわらない」という方法によって。

そういえば、禅の世界にこんな話があります。菩提達磨《ぼだいだるま》は、インドから中国に禅を伝えた高僧です。中国禅宗史の始祖と仰がれています。六世紀の人です。この達磨の弟子となり、始祖を継いで二祖となったのが慧可《えか》です。

しかし、慧可（はじめは神光《しんこう》という名でした）は、なかなか入門を許してもらえません。それで、みずからの決意を表明するため、達磨が坐禅をしている堂の庭先で、雪の中に立ってみずからの臂《ひじ》を断《き》って見せます。

達磨は入門を許します。そのとき、慧可はこう言いました。

「弟子は心、未だ安からず、乞う師、安心せしめよ」（わたしの心は不安でいっぱいです。どうか師よ、わたしを安心させてください）

すると、達磨は言います。

「心を持ち来れ、汝が為めに安んぜん」（そうか、それじゃあ、心をここに持ってこい。おまえさんのために安心させてやろう）

「心を覓《もと》むるに了《つい》に不可得なり」（心を深し求めましたが、どうしても見つけることができません）

「汝が為めに安心し竟《おわ》んぬ」（そうか、それじゃあ、おまえさんのために安心させて

やったよ)

これが、達磨と慧可の問答です。禅問答って、おもしろいですね。「じゃあ、ここに心を出しな」――「不安でたまりません。心を安らかにしてください」――「いや、心は見つかりません」――「それで安心だろう」

そうなんです、不安だとか安心だとかいっても、そんなものに実体があるわけではありません。心は縁によって、コロコロ変わるものです。コロコロ変わるので〝こころ〟というんだ、といった語源解釈があるぐらいです。

これと同じ話が、江戸時代の禅僧の盤珪永琢《ばんけいえいたく》(一六二二－九三)にあります。盤珪禅師は臨済宗の人です。盤珪禅師を訪ねてきた僧が訴えます。わたしは生まれながらの短気です。どうしたら、この短気を直すことができますか?

すると、禅師は言います。「そなたは面白い物を生まれ付かれたの。今も短気がござるか、あらば爰《ここ》へ出さしゃれ、直して進ぜよう」

すると、僧は言いました。「唯今はござりませぬ。何とぞ致した時に、ひょっと短気が出まする」

盤珪禅師のことばです。「然らば、短気は生まれ付きではござらぬわ。何とぞした時、縁によってひょっと、そなたが出かすわいの。何とぞした時も我《わ》が出かさぬに、どこに短気があるものぞ」

生まれながらの短気なんてない。短気は実体的なものではない。何かの縁で短気が出てくるのだ。そう盤珪禅師は言うのです（『盤珪禅師法語集』）。

この縁によって出てくるものだというのが、結局は「空」ということなんです。苦しみも悲しみも、短気も、そして喜びも楽しみも、すべては「空」です。実体はありません。それが『般若心経』の教えです。「空」だからこそ、わたしたちは苦しみ、災厄を克服できるのです。

あっ、そういえば、頓智小坊主の一休さんの話がありましたね。一休さんが前将《さきの》軍・足利義満公に召されて、鹿苑寺《ろくおんじ》（金閣寺）に行きます。

評判の一休さんを困らせてやろうと、義満公は難題を出します。

「あの衝立《ついたて》に描かれた虎が、夜になると脱け出して困っておる。一休よ、ひとつ虎を縛ってくれぬか」

すると、一休さんは、「はい」と答えて立ち上がり、虎を縛る縄を用意してもらいます。鉢巻きに襷《たすき》がけの姿で、縄を持って衝立の前に立ち、「さあ、一休に用意はできました。どなたか、虎を追い出してください」とやりました。

勝負あった！　ですね。不幸だとか災難、悲しみ、苦しみ、反対に幸福も喜びも、わたしたちはそれらが「空」であり、なんら実体のないものだということを忘れてはいませんか。まるでそれらを絵に描かれた虎のように実体視し、絵の虎を縛ろうとしています。そんな絵の虎は縛れませんよ。悲しくなったときは、思いきり悲しめばいいんです。そして、あとはけろりと忘れてしまうこと。『般若心経』は、わたしたちにそのようなアドヴァイスをしてくれているのですよ。

8 苦を「苦」にするな!

「四苦八苦」の解決

もう少し、「苦」について考えてみましょう。「四苦八苦」といったことばがあります。「金策に四苦八苦する」といったふうに使われ、非常に苦しむことを言いますが、もとは仏教のことばです。

「四苦」というのは、「生苦・老苦・病苦・死苦」で、人間の基本的な苦しみを言ったものです。生まれることは苦であり、老いることは苦であり、病むことは苦であり、死ぬことは苦である、というのです。「生まれることは苦だ」というのはちょっとわかりにくいですが、われわれはときに、(生まれなければよかったのに……)と思うことがあるように、やはり生まれることが本質的に苦なんです。釈迦はそう見ておられました。

この基本的な「四苦」に加えて、あと四つの苦があります。

愛別離苦《あいべつりく》……愛する者と別離することは苦である。
怨憎会苦《おんぞうえく》……怨み憎む者に出会うのは苦である。
求不得苦《ぐふとくく》……求めて得ざるは苦である。
五蘊盛苦《ごうんじょうく》……われわれの肉体と精神（それが五蘊です）がすべて苦である。

最初の「四苦」にこの「四苦」を加えて「八苦」になります。それが「四苦八苦」です。「四苦」と「八苦」で「十二苦」になるわけではありません。

じゃあ、『般若心経』は、これらの「四苦八苦」をどうしろと言うのでしょうか？『般若心経』が、苦しみや悲しみは「空」であって実体がない——と言っていることは、前にお話ししましたね。だから、『般若心経』がわれわれに教えてくれていることは、そんな「四苦八苦」なんかにこだわりなさんな……ということです。こだわるから苦しみがつづくので、簡単な話、かりに忘れてしまえばちっとも苦でなくなるのです。

そうでしょう。夏の暑い日、むんむんする暑さの中で、われわれは「暑い！ 暑い！」を連発し、暑さを苦にしています。ところが、同じ暑さなのに、海岸でサーフィンを楽しんでいる連中には、暑さはちっとも苦にならない。水銀柱が高ければ高いほど、むしろ楽しくなるのです。それは、冬のスキーだって同じです。

ところが……。『般若心経』は、「こだわるな！」と言って、こだわらない解決法、「空」の解決法を教えていますが、小乗仏教は反対です。小乗仏教というのは、お釈迦さまの教えを曲解した弟子たちがつくった仏教ですが、そこでは完全にこだわりの解決法が説かれています。

こだわりの解決法とは、「四諦《したい》」と呼ばれるものです。〝諦〟というのは「真理」の意味で、これは「四つの真理」を説くのです。

①苦諦《くたい》……「苦に関する真理」で、人生は苦であるというのがこれです。つまり、小乗仏教では「苦」を実体視し、すべては「苦」であるというところから出発するのですね。まさにこだわりです。そして、ここのところで「四苦八苦」が言われています。人生が苦であることを詳しく言おうとして、「四苦八苦」があるぞ、と主張しているのです。

②集諦《じったい》……「苦の原因に関する真理」で、苦には必ず原因がある。その原因とは「渇愛」と呼ばれる欲望であり、執着だというのです。

③滅諦《めったい》……「苦の原因の滅に関する真理」で、渇愛・執着といった苦の原因を滅却すれば、苦がなくなると言っています。

④道諦《どうたい》……最後は道諦で、〝道〟とは「方法」です。したがって、「苦の原因を滅す

る方法に関する真理」であって、「八正道（八つの正しい道）」が説かれています。細かく解説する必要性がないので、八正道の項目だけを並べておきます。

正見……正しいものの見方
正思……正しい思索
正語……正しい言語活動
正業……正しい行い
正命……正しい日常生活
正精進……正しい努力
正念……正しい注意力
正定……正しい精神統一

さて、小乗仏教が説いているこの「四諦」について、『般若心経』はいとも簡単に、「無《む》苦集滅道《くしゅうめつどう》」と切り捨てています。「〝四諦〟なんて、そんなもん、あらへんで。小乗仏教の教理なんて、信用したらあかんで……」と言っているわけです。

苦は「苦」ではない

「5ひく8はいくつか？」――簡単な算数の問題です。かりに、小学生にこの問題を出すと、「ひけないよ」という答えが返ってきます。彼らはまだ「マイナス」という考え方を習っていないからです。

しかし、小学一年生に最初から、「5ひく8はマイナス3」と教えるわけにはいきません。そんなことを教えると、彼らは算数がわからなくなります。

お釈迦さまがそうでした。弟子たちに最初からいきなり、苦は「空」であるといった教えを説くわけにいきません。そんな教え方をすれば、誰も仏教を理解できないでしょう。

そこでお釈迦さまは、最初は、「人生は苦である。この苦を克服するには、その苦の原因をなくさないといけない」といったふうに、苦を実体視して説かれたのです。

そのお釈迦さまの低い段階の教えに満足して、仏教とはこういう教えなんだと誤解してしまったのが小乗仏教の人たちです。だから、小乗仏教では、やっきになって苦を滅することを考えています。それに対して、「無苦集滅道」――そんなことしてたら、あきまへんで……。『般若心経』はそう言っています。

それじゃあ、『般若心経』は、われわれにどうせよと教えているのでしょうか？

ここでわたしは、大胆に、わたし流のことばで、『般若心経』の教えをまとめてみます。

苦が「苦」であるのは、苦を「苦」にするからだ。苦を「苦」にしなければ、苦は「苦」ではないぞ——。

おわかりになりますか？

そうですね。代表的な苦である老いを考えてみましょう。いま、〝苦〟のところに〝老い〟を入れてみます。すると、——老いが「苦」であるのは、老いを「苦」にするからだ。老いを「苦」にしなければ、老いは「苦」ではないぞ——となります。こうすると、少しはわたしの言っている意味がおわかりいただけるでしょう。

現代日本人はたいてい、老いることを「苦」にしていますが、これはおかしいと思うんです。それは、われわれが勝手に「苦」にしているだけです。たとえば、現代中国はちょっと例外にして、過去の中国社会では老人は大きな尊敬を受けていました。〝長老〟といったことばもあるように、老いることは物事をよく知っている、体験の積み重ねから出てくる智恵を持っていることを意味します。老いることは、ちっとも悪いことではないのです。

それに、老いることは「成長」です。もしも赤ん坊が老いなければ、どうなりますか？「這えば立て、立てば歩めの親心」と言いますが、これは「はへばたてたてば歩めと思ふにぞ我身につもる老をわするる」といった歌に由来することばです。赤ん坊が這い這いのままでちっとも老いなければ、それこそ親は心配でたまりません。「苦」にします。だが、老年になると、こんどは老いを嫌うのです。若いころは老いることがいいことなのに、年を取ると老いることを「苦」にします。勝手なものですね。

けれども、わたしなんかは、最近だんだんと老いが楽しくなってきました。七十歳近いわたしですが、仏教の勉強をしているお陰だと思います。老いがあまり「苦」になりません。それどころか、老いることによって、若いころには見えなかった「この世のありさま」が少しは見えるようになりました。わたしはそう思っています。

というより、若いころには見えなかった、この世の「デタラメさ加減」がわかってきました。この世はそんなに理路整然としていませんよ。むしろ逆です。その意味では、キリスト教のイエスの言ったことばが当たっています。

「貧しい人々は、幸いである、
神の国はあなたがたのものである。
今飢えている人々は、幸いである、
あなたがたは満たされる。
今泣いている人々は、幸いである、

あなたがたは笑うようになる。

……

しかし、富んでいるあなたがたは不幸である、
あなたがたはもう慰めを受けている。
今満腹している人々、あなたがたは不幸である、
あなたがたは飢えるようになる。
今笑っている人々は、不幸である、
あなたがたは悲しみ泣くようになる」（『新約聖書』ルカによる福音書6）

本当にその通りだと思いますね。

「人間の物差し」は基準にならない

わたしが最近、たまらなくいやだと思うことばがあります。それは、「世の中の役に立つ人間になりなさい」というものです。わたしは子どものころからこのことばを、耳にたこができるほど聞かされてきました。子どものころは批判精神もなかったので、教えられたことを鵜呑みにするだけです。そしておとなになってからも、このことばを疑わなかった。このことばのいやらしさに、もっと早く気づくべきでした。

仏教を学んでいる人間として、恥ずかしいかぎりです。反省しています。

世の中の役に立つ人間になりなさい——ということは、世の中の役に立つ人間と役に立たない人間がいることを認めているのです。ある人間は役に立つ人間で、ある人間は役に立たないというのは、まさに差別です。『般若心経』が教えていることは、そんな差別はしてはいけないということでしたね。だから、「世の中の役に立つ人間になりなさい」と、そんなふうに言うのはまちがっています。

それじゃあ、おまえは、人間は世の中の役に立たなくていいのか……と反問されるかもしれません。しかし、それは誤解です。わたしはなにもそんなことは言っていません。わたしの言っているのは、そもそも人間を、「役に立つ、役に立たない」と分別（差別）する、そのようなものの考え方がいけないと言っているのです。それが『般若心経』の教えです。

ちょっと考えてみるとわかるのですが、そもそも人間を「役に役つ、役に立たない」と判定する基準はどこにあるのでしょうか？　人は言うかもしれません。大会社の社長は役に立つ人間だが、ホームレスは役に立たないと。健康な人はそれだけ世の中の役に立つが、ベッドで寝ている病人は役に立たないと。

しかし、わたしは、そういう考え方は危険だと思います。なぜなら、そのような評価が出てくるのは、「人間の物差し」を基準にしているからです。しかし、果たして「人間の物差し」は絶対でしょうか？　役に立っているように見える大会社の社長も、かりにその会社が産業公害を撒き散らしているのであれば、かえって社会に有害ではありませんか。たばこ会社の社員が働けば働くほど、わたしのようなたばこ嫌いな人間は間接喫煙で困らされるのです。そういう人は役に立ってほしくないですね。わたしは、「人間の物差し」は絶対的な基準にならないと思います。

「役に立つ、役に立たない」を正しく判定したいのであれば、わたしは、「ほとけさまの物差し」を使うべきだと考えています。そして、「ほとけさまの物差し」においては、「すべての人が役に立っている」のです。だって、ほとけさまがこの人間は役に立たない、存在しないでいい人間だ、などと言われるはずがありません。

もしもほとけさまがそのような差別をされる方であれば、わたしたちはそんなほとけさまを信ずる必要はありません。すべての衆生を憐れむ慈悲の精神のないほとけさまは、ほとけさまではありません。

わたしたちは、そもそも世の中の役に立つ、立たないを考えなくていいのです。それは「人間の物差し」であって、前にお話しした「ゴム紐の物差し」です。そんな物差しはいっさい気にする必要はありません。だから、役に立つ、立たないは考えなくていい。考えないでおきましょう。そうすると、わたしたちはずいぶんと楽になります。

だいたいにおいて、老いることを「苦」にしているのは、老人は若い者にくらべて世の中の役に立っていないように思われるからです。そう思われると、まるで生きていることそのものが否定されたように感じられるので、老人たちは「俺は老いていない。まだまだ働けるぞ」とがんばっちゃうんです。あげくの果ては、「生涯現役」だなどと言い出す老人がいます。それは結局、老いを「苦」にしているのですね。

なにも「苦」にする必要はありません。老いることは、ただ老いるだけです。病むことは病むだけです。死ぬことは死ぬだけです。わたしたちは、愚かにも、苦を「苦」にしているのです。苦を「苦」にしなけりゃ、苦は「苦」でないのですよ。苦を「苦」にしないでおきましょうよ。

9 「仏下駄主義」のすすめ

「イン・シャー・アッラー」

『コーラン』といえばイスラム教の聖典です。その『コーラン』の十八章二十三節に、おもしろいことが書かれています。

「何事によらず、『わたしは明日これこれのことをする』と言いっ放しにしてはならない」（井筒俊彦訳）

これはどういう意味かと言いますと、たとえばわたしが編集者に、「わたしは明日、原稿を書き上げるよ」と言うだけではいけないのです。じゃあ、どう言えばいいのでしょう。

『コーラン』は、いまの引用の次の節（十八章二十四節）で、こう言っています。

「必ず『もしアッラーの御心ならば』とつけ加えるように」

この「アッラーの御心ならば」と訳されていることばのアラビア語は、かの有名な、「イン・シャー・アッラー」です。『コーラン』がそう命じているので、だからイスラム教徒は明日のこと、未来のことを語るときには、必ず「イン・シャー・アッラー」を付け加えます。「わたしは明日、原稿を書き上げるよ、イン・シャー・アッラー」となるわけです。

まあ、イスラム教徒のこの「イン・シャー・アッラー（神さまがお望みならば）」は、現実にはどうもうさんくさいことばです。わたしはイスラム教徒と「あす、八時に会おう」と約束して、十時まで待たされたことがあります。わたしが遅刻をなじると、「いや、きょうは神さまがここに八時に来ることを望んでおられなかったのだよ」と澄まし顔です。そういう現実を言いだすときりがないので、ここでは現実的なことは無視しましょう。ただ、「イン・シャー・アッラー」が意味するものを、理論的に考えてみます。

理論的にいえば、なぜ『コーラン』が、われわれが明日（未来）のことを語るときに、そこに「イン・シャー・アッラー（神の御心ならば）」を付け加えよと命じているかといえば、未来の出来事は神の権限に属していて、われわれ人間には、「思うがままにならないこと」だからです。わたしがあす、原稿を書き上げて編集者に渡そうとしても、今夜、お袋が危篤といった電話が入れば、原稿は書けません。今夜、大地震があれば、原稿を書き上げられません。そして、地震があるかどうかは、神のみぞ知り給うことで、人間にはわからないのです。未来のことは人間の思うがままにならないことです。『コーラン』はわたしたちに、人間には思うがままにならないことがある、すべては神の御心のままなんだと教えてくれているのです。

そして、このことは、なにもイスラム教の『コーラン』だけが言っているのではありません。前にも述べましたが、キリスト教のイエスが、

「明日のことまで思い悩むな。明日のことは明日自《みずか》らが思い悩む」

と言っています。同じ意味ですよね。

さらに、お釈迦さまも同じことを言っておられます。

「過去を追うな。未来を願うな」

いや、大乗仏教においては、じつは「苦」ということばの意味は、「思うがままにならないこと」なのです。老・病・死が「苦」だというのは、大乗仏教においては、老いることが苦しいことだ、病むことは苦しいことだ、死ぬことは苦しいことだ、といった意味ではありません。老いが「苦」だというのは、われわれはその老いを思うがままにできないといった意味なのです。老いのスピードを速めたり、遅くしたりすることはできません。ましてや、老いをなくすことは絶対に不可能です。病むことだ

って同じです。死ぬことも同じです。老・病・死をわれわれは思うがままにできません。

だとすると、「苦」とは思うがままにならないことです。つまり、われわれは、思うがままにならないことを思うがままにしようとするから、「苦」になってしまうのです。そうであるなら、われわれが、思うがままにならないことを思うがままにしようとしなければ、ちっとも「苦」にならないのです。

それが『般若心経』の教えです。『般若心経』はわれわれに、思うがままにならないことを思うがままにしようとしなければ、ちっとも「苦」でないんだよ——と教えてくれているのです。

あきらめなさい

江戸時代の禅僧の良寛さんは、地震の見舞いをくれた友人に自分の無事を報ずる書信を出して、その中でこう言っています。

「しかし、災難に逢《あう》時節には、災難に逢がよく候。死ぬ時節には、死ぬがよく候。是ハこれ災難をのがるゝ妙法にて候」

これはいいことばです。『般若心経』の教えの精髄をみごとに表現しています。

災難に遭って、じたばたしてはいけません。蜘蛛の巣にかかった蝶は、もがけばもがくほど苦しくなります。どうせ助からない命であれば——助かるものならもがけばいいのですが——、これも運命とあきらめて、静かに死んでいけばよいのです。それが良寛さんの発言です。

嵐の海で船が沈み、あなたは浮木につかまっています。まず助かりません。そんなとき、いちばんの愚策は、泳ぐことです。船が遭難するような嵐の海で、どだい人間が泳げるはずがありません。ところが、泳ぎを知っている人間は、助かろうとして泳ぐんですね。本能的に泳いでしまうものらしい。そして体力を消耗し、死んでしまう。万が一、いや万々が一助かる人は、たいていあきらめきって浮木につかまっている人だそうです。要するに、大事なことは、「あきらめ」です。人間、あきらめが肝腎です。

ところで、その〝あきらめ〟ですが、じつは〝あきらめる〟ということばには、二つの意味があります。『辞林21』(三省堂)には、次のように書かれています。

「あきらめる〔明らめる〕……物事の事情・理由をあきらかにする」

「あきらめる〔諦める〕……だめだと思ってやめる。断念する」

わたしたちは普通、〝あきらめ〟を第二の意味(断念する)に使っていますが、仏教語の〝あきらめ〟は、本来第一の意味（明らめる）のほうでした。

前に、小乗仏教の「苦」の解決法である「四諦《したい》」について触れました。そして、「四諦」とは「四つの真理」の意味だと言いました。この〝諦《たい》〟はサンスクリット語で〝サティヤ（satya）〟といい、「真理」の意です。だから、「諦」というのは真理を明らかにする、すなわち「明らめる」なのです。

では、どうして「明らめる（真理を明らかにする）」が「諦める（断念する）」になるのでしょうか？　それは簡単です。子どもを亡くした親に、死んだ子の生き返る道理がないと説きます。そして、そのことを、「明らめなさい」と言いますと、それはつまりは「断念しなさい」になるわけです。「明らめ」が「諦め」に通じるのです。

わたしたちは、何事においても、まず最初に「あきらめる」べきです。高速道路で交通渋滞に巻き込まれたら、われわれはしっかりと「どうしようもない」と明らめなければなりません。イライラしたり、なんとかしよう……とすれば、かえって「苦」になります。そんなときは、気持ちをゆったりと持って、のんびり構えていることです。

病気になったときも同じです。そうです、まずあきらめなさい。病気になって、病気を治そうとするのはいいのです。あきらめよ、と言うのは、治そうとするな、というのではありません。治そうとしたっていいのですが、でも、病気は「ワン・ツー・スリー」でパッと治るものではありません。時間がかかります。ちょっとした風邪でも、まあ一週間はかかりますよ。それを一日で治そうと考えるから、焦りが出るのです。イライラし、クヨクヨすることになります。そのイライラ、クヨクヨが、いちばん病気に悪いのです。

だから、病気になればあきらめればいいのです。そして、幸福な病人になればいい。どうせ病人であれば、その病人である期間を、明るく幸福に生きればいいのです。そのほうが病気の治りも早いと思います。

でも、もしも治らなければ……? そのときは、死ねばいいのです。簡単なことです。いや、誤解しないでください。自殺せよ、と言っているのではないのです。病気が治らずに死ぬときがくれば、死ねばいいのです。病人として生きていられるあいだは生きればいいし、寿命が尽きたら死ねばいい。安らかに死ねるときは安らかに死ねばいいし、のたうちまわって死ぬときはのたうちまわればいい。要するに、あきらめればいいのです。それが良寛さんの言っていることであり、とりも直さず『般若心経』の教えなんです。

ほとけさまに、おまかせする

そうすると『般若心経』が教えていることは、一種の「権利放棄」だと思います。いや、このことばは誤解を招きそうです。「権利放棄」といえば、わたしたちが持っている権利を放棄することのように聞こえます。そうではないのです。未来（明日）については、もともとわたしたちに権利がないのです。人間には知ることができない。未来がどうなるかわからない。未来がわかっておられるのは、ほとけさまだけです。仏教徒にとってはほとけさまですが、キリスト教徒やイスラム教徒にとっては神さまです。ほとけさまや神さまだけがご存じの未来について、われわれ人間には知る権利のないことを確認すべきです。その意味では、「権利放棄」というより、「無権利の確認」と言ったほうがいいかもしれません。

『般若心経』がわたしたちに教えていることは、人間の権利の及ばない領域があることを、しっかりと明らめなさい――ということです。わたしはそのように考えています。「権利放棄」というのは、そのような意味です。

まず、わたしたちは、「未来（明日）」について権利放棄（無権利の確認）をしましょう。明日のことは、わたしたちにはわからないのです。そのわからない明日を心配して、くよくよしたって仕方ありません。

たとえば、わが子が登校拒否をしたようなとき、親は目の前が真っ暗になります。なぜでしょうか？　わが子の将来が心配だからです。中学を卒業していないと、将来、大学に行けないではないか、と心配になるのです。そこで親は、無理矢理、子どもを学校に行かせようとします。子どもが柱にしがみついて、「行きたくない」と叫んでいるのに、父親は暴力的に子どもを連れ出そうとします。子どもの生爪がはがれ、血を流している。それでも、親はそうするのです。

その親は、結局、子どもの「明日」だけを心配して、「今日」を無視しているのです。そんなことをすれば、子どもは自殺するかもしれませんよ。

子どもが自殺すれば、「明日」はないのです。子どもが学校に行かなくても、その子は「中学中退」になるだけです。しかし、自殺すれば、もうその子はいないのです。子どもが自殺してしまってから、(しまった！　こんなことになるのなら、学校なんかに行かせようとしなければよかったのだ) と後悔しても、もう遅いのです。日本の親たちは、学校神話を持っています。でも、学校なんて、そんなに神聖なものではありませんよ。

もちろん、親にとって、わが子の将来は心配です。けれども、いくら心配しても、将来のことは人間にわかりません。人間は権利放棄すべきです。権利放棄して、「ほとけさまにおまかせする」のです。それが、わたしたちにできることのすべてです。その「ほとけさまにおまかせする」というのが、イスラム教の「イン・シャー・アッラー（神の御心ならば）」ですね。イスラム教の場合は、神（アッラー）におまかせするのですが、わたしたちはほとけさま（ブッダ）におまかせするのですから、これは、「イン・シャー・ブッダ」になります。そして、わたしは、この「イン・シャー・アッラー」「イン・シャー・ブッダ」を、「神下駄主義」「仏下駄主義」と呼んでいます。神、仏に下駄を預けて生きていこう……というわけです。

病気になって、わたしたちにはその病気がいつ治るかわかりません。病気が治るかどうか、すべてほとけさまにおまかせしておけばいいのです。最近の日本人は、病気を治してくれるのは医者だと思っています。とんでもない！　病気を治してくれるのは、人間のうちにある自然治癒力なんですよ。医学は、その自然治癒力を高める手伝いをしてくれるだけです。そして、わたしたちが、すべてをほとけさまにおまかせする気持ちになったとき、その自然治癒力が高まるのです。医学の力を過信しているかぎり、人間はイライラ、クヨクヨして、病気の治りも遅いでしょう。わたしはそう信じています。

要するに、人間は未来に対する権利放棄をしなければなりません。それが「あきらめ（明らめ）」です。そして、わたしたちがあきらめたとき、ほとけさまにおまかせすることができるのです。それが「仏下駄主義」です。そうすると、いま現在をしっかり大事に生きることができ、幸福になれるのです。それが『般若心経』の教えです。

10　原因と結果を逆にするな！

原因と結果をあべこべにしない

「先生、家の中に仏壇が二つになると、不幸が生じると教わりました。本当なんですか？」

以前、カルチャーセンターで講義をしていたとき、そんな質問を受けたことがあります。質問の意味がよくわからないので、事情を聞いてみると、そのご婦人の実家のお母さんが亡くなったそうです。彼女に弟がいて、弟は母親と別に暮らしているのですが、ある宗教に入っています。その教団は他の宗教の仏壇を拒否しているので、弟は母親の仏壇を引き取らないと言っている。そうなると、彼女が仏壇を引き取らないといけないのですが、自分は嫁いだ人間で、すでに仏壇がある。母親の仏壇を自分の所に持って来ると、仏壇が二つになるわけです。しかも、世間では、仏壇が二つになると不幸になると言われているそうです。まあ、そういうわけで、彼女はそんな質問をしたらしいのですね。

で、わたしがどう答えたか。

「わたしは、仏教を思想的に勉強している人間です。仏壇やお線香、戒名、お経のあげ方といった〝臨床的〟な問題は、わたしの専門外です。けれども、そのわたしからして、あなたの質問はおかしいと思います。どうやらあなたは、原因と結果をあべこべにしておられるのではありませんか……」

「……？」質問者は怪訝な面持ちです。

「よく考えてみなさい。あなたは不幸になったから、仏壇が二つになるのですよ。仏壇が二つになるから、不幸になるのではありませんよ」

彼女の弟はある宗教に入っています。それで、彼女と弟は仏壇をめぐって対立しています。ということは、彼女はすでに不幸なのです。彼女の弟が、ある宗教に入っていなければ、対立することはなかったのだから、対立しているということにおいて彼女は不幸です。もちろん、見方を変えると、その弟さんが不幸です。姉が自分の信仰を理解してくれないのですから。物事は相対的で、姉だけが不幸、弟だけが不幸というこはありません。姉も弟も、対立している点において、ともに不幸なのです。その不幸が仏壇を二つにするのです。

だから、世間が言っているのはまちがいです。世間では、仏壇が二つになると不幸が生じると言うそうですが——（わたしは、そんなこと、聞いたことがありません）——それは原因と結果をまちがっているのです。不幸だから仏壇が二つになるのです。

では、彼女はどうすればよいのでしょうか……？　簡単です。母親が遺した仏壇を捨ててしまえばよいのです。捨ててしまう……と言えば、けしからんと思われる人もいるでしょう。でも、わたしは、なにもゴミにしろと言っているのではありません。お坊さんに相談すれば、「おたきあげ」といって、仏壇を処分する儀式をしてもらえます。そういう手続きで、仏壇をなくすといいのです。

というのは、もしも彼女が仏壇を引き取れば、毎日毎日、二つの仏壇をおもりせねばなりません。そのたびに彼女は、（弟がこの仏壇を引き取ってくれれば、わたしはこんな苦労をしないですむのに……）と、弟を恨むでしょう。そうすると、弟との和解ができなくなります。ますます弟と対立し、二人は疎遠になるでしょう。そんなことはしてはいけません。

仏壇がなくなれば、昔のことは自然に忘れられるようになります。過去の諍いを忘れてしまえば、また和解のチャンスがあります。和解できなくても、毎日毎日、憎しみのエネルギーを増幅しないだけましなのです。

ともあれ、原因と結果をあべこべにしないこと。わたしたちはよく、原因と結果を逆にしてものを考えてしまいます。そんなことはしてはいけません。カルチャーセンターでの質問に対して、わたしはそのように答えました。

「事物をさかさに捉えるな――」

じつは、この点に関して、『般若心経』はわたしたちに忠告してくれています。

「菩提薩埵《ぼだいさった》。依般若波羅蜜多故《えはんにゃはらみったこ》。心無罣礙《しんむけいげ》。無罣礙故《むけいげこ》。無有恐怖《むうくふ》。遠離《おんり》一切《いっさい》顛倒《てんどう》夢《む》想《そう》。究竟涅槃《くきょうねはん》」

「大乗仏教の求道者（菩薩《ぼさつ》）は、般若波羅蜜――ほとけの智慧――を実践していますから、その心はなにものにも執着することがないし、こだわりがありません。こだわりがないので、恐怖におびえることもなく、事物をさかさに捉えることもなく、妄想に悩まされることもなく、心は徹底して平安であります」

ここの「事物をさかさに捉えることもなく（遠離一切顛倒）」というのが、原因と結果をあべこべにするな、といった忠告なのです。いまの仏壇の例にかぎらず、わたしたちは事物をさかさに捉えることが多いですね。だから、『般若心経』は、そんなことをしてはならないと親切に忠告してくれているのです。

たとえば、浮気です。わたしたちは、夫なり妻なりが浮気をしたので、その家が目茶苦茶になったと考えがちですが、そういう場合もあるにせよ、たいていは家庭が目茶苦茶になっているから、浮気がはじまるのではないでしょうか。同様に、子どもの非行です。子どもが非行に走ったから、わが家が崩壊したと思っている人が多いのですが、先にわが家が崩壊していたのではありませんか。その崩壊に親が気がついていない。子どもはたまらなくなって非行に走る。そういうケースも多いように思います。

また、病気にしても、家族の誰かが病気をすれば、その家庭は不幸になります。わたしたちは、そう思い、病気が不幸の原因だと考えます。けれども、じつはそれは反対であって、不幸だから病気になるのです。だってそうでしょう、幸福な家庭であれば、家族が病気になっても、みんなでいたわりあって生きています。そうすると、その病気を苦にすることはありません。みんなが病気を苦にしないで、いわば病気を楽しむことができれば、病気は病気でなくなるのです。

したがって、おかしな言い方だと思われるでしょうが、病気を苦にしてしまうのは、その家が不幸だからです。不幸が病気をつくりだすともいえます。『般若心経』

はそういう見方を教えてくれているのです。

それから、例の、「霊のたたり」がありますね。この霊のたたりは、『般若心経』では先程引用した個所の「妄想に悩まされることもなく（夢想）」に相当します。すなわち、『般若心経』は、霊のたたりを「妄想（夢想）」だと言っているのです。よく仏教の正しい教えは、霊の存在を否定している、と言われる人がいます。で も、それは違います。『般若心経』では、すべてが「空」だと言っていますから、霊も「空」です。「空」だということは、見える人には見えるし、存在すると思っている人には存在しているのです。もちろん、存在しないと信じている人には霊は存在しません。

したがって、霊のたたりは、その人の弱い心がつくりだしたものです。その人が弱い心になるのは、その人が不幸だからです。

ということは、「不幸が霊のたたりをつくりだす」のであって、「霊のたたりがあるから不幸になる」のではありません。霊のたたりがあるから不幸だと考えるのは、まさしく「顚倒（さかさ）」なのです。

その点では、シェイクスピアが『マクベス』の中で、おもしろいことを言っています。武将のマクベスは国王ダンカンを殺して王位に就くのですが、のちに自分が殺したダンカンの亡霊に悩まされます。宴席で、自分の座るべき椅子に亡霊が座っているのを見て、彼は動転します。そのマクベスに、夫人がこう言っている場面があります。

「マクベス夫人　それ〔＝亡霊〕はあなたの不安な心で描き出したものです。……今になおって見ると、あなたは椅子を見つめていらっしゃるだけですわ」（野上豊一郎訳）

このマクベス夫人は、仏教学者ですよね。

まあ、ともあれ、子どもが非行に走るのも、家族の誰かが病気（苦になる病気）になるのも、それはその家庭が不幸だからです。そうすると、知らない人がやって来て、あなたの子が非行に走るのも、家族が病気になるのも、おたくに霊のたたりがあるからだと教えてくれます。これは『般若心経』の言っている「顚倒」ですが、不幸な人はこれに引っ掛かるのですね。そして、大金を払って、霊のたたりを鎮めるためのご祈禱をしてもらうわけです。

でも、それじゃあ、よくなりません。いいですか、不幸だから霊のたたりがあるのであって、霊のたたりがあるから不幸になるのではないのですよ。そうすると、霊のたたりがもしあるとして、その霊のたたりをなくすためには、あなたは幸福になるよりほかないのです。霊のたたりをなくせば幸福になれるのではなしに、幸福になれば霊のたたりがなくなるのです。それが『般若心経』の教えです。

いつもながらの「こだわるな！」

さて、そうすると、今度は幸福になる方法です。わたしたちが幸福になれば、霊のたたりもなくなるし、子どもが非行に走らなくなるし、病気もしません。この言い方はおかしく感じられますが、それは世間の人々がみんな「顚倒」して考えているからです。本当はこの言い方が正しいのです。

たとえば、子どもが非行に走ったとします。どこかで万引きをして捕まり、警察沙汰になったとします。これは、その家庭が不幸だから起きた事件です。

では、幸福な家庭には、このような事件は起きないのか……!? 読者はそう反問されるでしょうが、そりゃあね、幸福な家庭にもこういう事件は起きますよ。しかし、幸福な家庭だと、そのお父さんは、登校停止処分になった高校生のわが子にこう言います。「おまえ、なかなかやるじゃないか。登校停止になるなんて、普通の子にはできんことだ。登校停止のあいだは暇なんだから、まあ、今夜は一杯やろう……」

親子で晩酌をするのです。そして、登校停止の期間中、親父は毎日会社から早く帰って来て、晩酌をつづけます。さらに土曜、日曜には家族そろっての旅行……となるのです。実際、そのようにした父親の話を聞きました。

これは、幸福な家庭だからできることですね。不幸な家庭だと、こうはなりません。親父は息子を叱り、家の中でも謹慎を命じます。学校で罰せられた子どもを、家でも罰するのです。子どもは行き場がなくなります。その結果、家庭内暴力となり、家の中がますます暗くなります。不幸が世間に露呈されるのです。

そうすると、世間のほうからその家に攻撃がなされます。「おたくには〝霊のたたり〟がある。だから、このように不幸になったのだ」

冗談を言ってはいけません。不幸だから「霊のたたり」が出てきたのであって、「霊のたたり」が不幸をもたらしたのではありません。

だって、そうですよね。幸福な家庭であれば、子どもが非行に走ったとき、親父は子どもの「淋しさ」に気づき、家族の団欒を取り戻します。子どもの非行をチャンスに、会社人間であった父親が自己を反省し、会社人間をやめることができます。そうすれば、子どもの非行はいいチャンスです。非行のおかげで父親は「本当の人間」に立ち戻れたのですから、子どもに「ありがとう」と言わねばなりませんね。

非行そのものは、このように絶好のチャンスにもなれば、霊のたたりにもなります。幸福な家庭ではいいチャンスにできますし、不幸な家庭では霊のたたりにしてしまうのです『般若心経』は、そのことを教えてくれているのです。つまり、「顛倒するな!」ですね。事物をさかさに捉えてはならない、と言っているのです。

では、どうすればいいのでしょう? 顛倒しないためには、われわれはどうすればいいのですか……?

その点に関しては、『般若心経』は、

「菩薩《ぼさつ》(大乗仏教の求道者)は般若波羅蜜《はんにゃはらみつ》(ほとけの智慧)を実践しているから、その心はなにものにも執着することがないし、こだわりがない」

と述べています。つまり、前にも言ったことがありますが、「こだわるな!」ということなんです。こだわりさえしなければいいのです。それが「心無罣礙《しんむけいげ》」です。〝罣〟とは「網」で、〝礙〟とは「石が邪魔をして足をとめること」です。「心が網にひっかかってもつれ、石につまずいて転ぶようなことがない」といった意味です。

仏壇なんかにこだわらなければいいのです。しかし、わたしがこう言えば、おまえは仏壇を軽視しすぎる。けしからん! 仏壇を大事にするのは、仏教者として当然の義務ではないか!? と、お叱りを受けそうです。ですが、その考え方が「こだわり」なんですよ。大事なものとして仏壇にこだわる。

火事になって、位牌を持ち出すために再び火の中に入り、焼け死んだ人の話を聞きます。位牌は大事ですが、しかし考えてみればそれはただの木切れです。あんなもの、いくらでも新調できます。その木切れのために命を落とすことを、果たしてご先祖様は喜んでおられるでしょうか。

子孫の幸福を願っているのがご先祖様であって、子孫の不幸を強制するような先祖崇拝であればやめたほうがいいのです。だから、仏壇なんかにこだわりなさんな。そして、姉と弟が和解できるようにしましょうよ……。

仏壇が二つになったから不幸になるのではなく、不幸だから仏壇が二つになるのです。そのことをしっかりとわかってください。

11　中道とは「いい加減」精神

「がんばるな！」

わたしの大嫌いなことばに、〝がんばる〟があります。いえ、じつはこのことばが嫌いになったのは最近のことで、それまでは平気でよく使っていました。口癖になっているもので、現在でもよく、「どうかがんばってください」「はい、一生懸命がんばります」と言ってしまいます。そして、言ったとたん、（あっ、しまった！）と思うわけです。

これはわたしばかりでなしに、そもそも日本人が大好きなことばなんですね、この〝がんばる〟が……。だから、わたしが講演会などで、「仏教の教えは、〝がんばるな！〟ということなんですよ」と話したあとでも、懇親会の席になると、多くの人が、「がんばります」と口にします。そこでわたしが苦笑しながら、「いや、がんばってはいけませんよ」と言いますと、「ああ、そうですね。はい、がんばりません」と言い直されるのです。どうやらこれは、〝がんばる〟にかわる適当なことばがないためでしょうね。

この点は、この章を読んだあとで考えていただくといいのですが、わたしは〝がんばる〟にかわることばとして、大阪弁でいう、〝まあ、ぼちぼちやりますわ……〟がいいと思います。しかし、東京弁ではどう言えばいいでしょうか。

〝がんばる〟ということばは、本当は悪い意味ですよ。そのことは、辞書を引くとわかります。いま、『大辞林』（三省堂）で、〝がんばる〟の意味を調べてみます。『大辞林』は三つの意味を出しています。

①他の意見を押しのけて、強く自分の意見を押し通す。我をはる。例「ただ一人反対意見を述べてがんばる」

②苦しさに負けずに努力する。例「子供が大学を出るまでがんばる」「負けるながんばれ」

③ある場所に座を占めて、少しも動こうとしない。例「立ち退きをせまられたが、最後までがんばる」「守衛ががんばっている」

こうしてみると、〝がんばる〟っていやなことばですよね。

①の〝がんばる〟はよくない。どうも日本人は、自説に固執しすぎます。これも、

わたし自身がそうなんで、人様のことをとやかく言えたわけではないのですが、会話のときも他人の話を聞かずに自分の意見ばかり述べている人が多いですね。そうかと思うと、大筋では同じ意見なのに、ほんのちょっとした違いを青筋立てて議論しています。

日本人はよく〝白黒をつける〟と言いますが、そんな考え方はよくない。白黒をつけるという考え方だと、自分の意見は白（百点）で、相手の意見は黒（零点）になってしまいます。けれども、そんなケースは滅多にあるわけではなく、たいていの場合は、まあ自分の意見が八十点で、相手の意見が七十五点ぐらいです。つまり、どちらも灰色なんです。そうだとすれば、五点ぐらいの差はどうだっていいじゃありませんか。なにもがんばる必要はありません。

③の〝がんばる〟もよくないですよ。満員電車の中で、隣の人がほんのちょっと腰をずらしてくれると、お互い楽に座れるのに、梃でも動くものかとがんばっている人がいます。あれが③の〝がんばり〟です。がんばってはいけませんよ。

初志貫徹はダメ

それじゃ、②の〝がんばる〟はいいだろう。つまり、苦しさに負けずに努力する、これはいいことだろう……。そう言われるかもしれません。けれども、わたしは思いますね。どうして苦しさに負けていけないのですか⁉　第一志望の大学に入れなかった。それで三年も四年も浪人をして、初志を貫徹する。どうしてそういうがんばりが立派なのでしょう。二度ぐらいの失敗でやめて、第二志望、第三志望にすればいいのです。そのほうがのんびりと生きられますよ。

だいたいにおいて、「初志貫徹」というのはよくないのです。わたしたちは初志を貫徹すべきだと思っていますが、仏教においては、そういう考え方は否定されています。

たとえば、わが国、天台宗の開祖の伝教大師最澄は、若いころに「願文」を書いています。これは最澄の決意表明です。その「願文」の中に、こんなことばがあります。

「我れ未だ六根相似の位を得ざるより似還《このかた》、出仮せじ」〔わたしは、わたしの眼・耳・鼻・舌・身・意の六根が仏陀と同じく清浄にならないあいだは、世間に出て活躍しない〕

最澄はこのような誓いをたてて、比叡山にこもって修行しました。しかし最澄は、のちに世間に出て活躍しています。

それでは最澄の六根（眼・耳・鼻・舌・身・意）が仏陀と同じく清浄になったのでしょうか。お釈迦さまと同じになった——と最澄が考えたとしたら、それは傲慢です。そんなことはあり得ないのです。

では、最澄は嘘をついたのでしょうか。そうではありません。最澄は比叡山で修行中、気がついたのです。われわれ人間の六根が、仏陀と同じように清浄になるなんてことは絶対にあり得ないことに。

いや、かりにそれが可能だとしても、おそらくそのような境地に達するためには、ものすごい時間がかかります。ようやく八十歳になって、九十歳になって、そうなれるかもしれません。しかし、それでは、その悟りを人々に伝えることはできません。その悟りでもって、大勢の人々の悩みを救ってあげることはできないのです。仏教において大事なことは、他人への働きかけです。最澄のことばをもってすれば、

「己れを忘れて他を利するのは、慈悲の極みなり」

です。つまり、「忘己利他《もうこりた》」の精神が大事であって、自分のための修行に五十年、六十年をかけているのは、いわばエゴイズムです。そのことに気がついて、最澄は世間に出て活躍しました。わたしはそう考えています。ここのところは重要ですよ。

最澄が「願文」を書いたとき、彼の智恵はあまり立派なものではありませんでした。そりゃあわたしたち凡人より、はるかにすぐれた智恵を持っていたかもしれませんが、しかし若き日の最澄ですから、それほど高度な智恵ではありません。

しかし、最澄は比叡山で修行しました。仏教を学びました。そして最澄の智恵は徐々に高まっていきます。少しずつ「ほとけの智慧」が得られます。そしてそのほとけの智慧（それが「般若《はんにゃ》」と呼ばれるものです）でもって、自分が最初にたてた目標を検討します。そうすると、その目標が必ずしも完全でなかったことに気づくわけです（ああ、自分は、自分の六根がお釈迦さまと同様にならないうちは、衆生への働きかけをしないつもりでいたが、それは「自利」を求めていたことになる。そんなに高い境地に到達しなくても、「利他」の働きかけのほうが大事なのだ。自分は修行をつづけながら、衆生のために働きかけをしよう）。

そのような考えになるのです。少しずつ得られたほとけの智慧が、最初の目標へのこだわりを捨てさせてくれるのです。ここのところが大事ですね。

初志を貫徹しようとすると、このような智慧が働きません。登山の場合だって同じです。なにがなんでも山頂に登ろうとするのは危険です。台風が来たり、あるいは体の調子が悪かったりすれば、途中で下山するほうがいいのです。山登りのヴェテランは、そういう智恵が働きますね。遭難するのは、おおむね素人の初志貫徹派です。

他人を思い遣る心

『般若心経』がわたしたちに教えてくれているのは、要するに、「ほとけの智慧を持ちなさい」ということです。そもそも『般若心経』の〝般若〟という語が、前にも述べたように、「ほとけの智慧」といった意味なのです。

このほとけの智慧があれば、わたしたちはがむしゃらにがんばることはしないでしょう。状況に応じて、わたしたちは目標を変更できるのです。目標を変更するといっても、下げることばかりではありませんよ。状況次第では目標を高くすることだってあります。しかし、おおむね日本人はがんばりすぎていますから、目標を下げることが大事でしょう。

ほとけの智慧（般若）というのは、他人を思い遣るこころです。「忘己利他」の精神です。

ユダヤ教やキリスト教では、地主といえども落ち穂を拾ってはならないとされています。『旧約聖書』の「レビ記」に、そういう掟（律法）があります。なぜかといえば、落ち穂は、神様が寡婦や孤児のためにつくられたものだからです。

だが日本人であれば、がんばって根こそぎ自分のものにしようとします。昔の日本人はそうではなかった。昔の日本人は、たとえば庭の柿の木の実は、必ず一つだけ残しておきました。鳥にやるためです。そういうやさしさがあったのですが、現代日本人はがんばることが大好きで、思い遣りがありません。商売で、自分の店が繁盛すると、他人の店が迷惑を受けているのです。だから、ほどほどにすべきなのですが、そういうことを言う人は少なくなりました。徹底して儲けようとします。

ともあれ、がんばってはいけません。がんばることは悪いことです。

一九九五年の九月、兵庫県の芦屋市に行きました。仏教講演会に呼ばれて行ったのですが、わたしは、「がんばってはいけない」と話しました。あとの懇親会で、阪神大震災（地震はその年の一月でした）の被災地の人たちの意見を聞いたのですが（芦屋市も大きな被害を受けました。わたしの行ったお寺は、本堂が八センチも傾いていました）、被災した人たちは、「がんばろう」ということばを聞くたびに、いやな気持ちになる……と言っておられました。

「どうして、わたしたちががんばらないといけないのですか⁉」と怒っておられる人もいました。

それから、又聞きなんですが、「がんばれよ！」と雇い主に言われて、ノイローゼになったタイ人労働者がいるそうです。日本人は平気で使いますが、外国人にはこの〝がんばる〟はいやなことばなんですね。わたしも辞書を引いて意味を調べたあとは、もうこのことばを使いたくなくなりました。こんないやなことばはないと思っています。

未完成の完成を

では、どういうことばがいいでしょうか……？　この章の最初にも言いましたが、わたしは、「ぼちぼちやりましょうよ」が好きです。わたしが大阪生まれだからです。それから、〝いい加減〟というのも、いいことばですね。もっとも、この〝いい加減〟は、「無責任なさま。徹底しないさま。中途半端」の意味に使われて、あまりよくないことばに思われています。

しかし、わたしは、このことばは、仏教の「中道」にあたると思うのです。というのは、お風呂の湯加減を言うとき、この〝いい加減〟を使いますね。「いい加減のお湯ですよ」(あるいは「よい加減」のほうがいいでしょうか) と言えば、それはけっしてぬるま湯ではありません。そうではなくて、熱い湯の好きな人には熱い湯が、ぬるい湯の好きな人にはぬるい湯がいい加減なのです。

つまり、いい加減というのは、それぞれのいい加減があるのであって、十把一絡《じっぱひとから》げのいい加減があるのではないのです。仏教でいう「中道」が、まさにそれなんです。中道の〝道〟には、「行く」「歩む」といった意味があります。あまり極端に走らず、ゆったりと中を歩んでいくのが中道です。走っているときは、周囲が見えていません。ゆったりと歩んでいるとき、周囲が見えるのです。

周囲が見えてくると、おのずから智慧が得られます。それが「般若」ですね。ですから、「般若」というのは、「行智」なのです。修行によって得られる智慧、実践によって得られる智慧です。ただし、修行、実践といっても、山に入って断食修行をするといったことではありません。それは極端な行であって、仏教の中道の精神にそぐわないものです。わたしたち在家の人間には、そんな修行は不可能ですから、そんなことはしなくていいのです。わたしたちがあまりがんばらずにいい加減に生きる――それが実践だと思ってください。そうすると、おのずから智慧（般若）が得られるのです。

それから、『般若心経』には、〝波羅蜜多《はらみった》〟という語が出てきます。このことばには、二つの意味があります。

一つは……「彼岸に渡る」

もう一つは……「完成」です。後者の「完成」と解すれば、『般若心経』は、わたしたちに、「ほとけの智慧の完成」を呼びかけているのです。けれども、その「完成」は、永遠に完成しない完成です。未完成の完成なんです。

わたしたちがゆったりと（いい加減に）仏道を歩んでいると、いろんなことが少しずつわかってきます。そうして、よりいっそうゆったりと、安楽に生きられるようになります。そうした生き方をしなさいと、『般若心経』は教えてくれているのです。

12 「ほとけの智慧」「凡夫の智恵」

「般若心経」の実践

さて、そろそろ実践論にはいりましょうか。わたしたちがこれまで考察してきたことは（考察というのは、ちょっと大袈裟ですが）、『般若心経』は、「智慧のお経」だということであり、仏道をあゆむ歩み方は、基本的に、「中道」だということです。そもそも〝般若〟といったことばが「智慧」の意味ですから、『般若心経』は「智慧のお経」ですよね。そして、「中道」というのは、平たく言うと「いい加減」です。これまでわたしたちが学んできたことを要約すると、こういうふうになります。

そこで、この『般若心経』の教えを日常生活の中で実践するにはどうすればいいか、そのような実践論をこれから考えてみます。

じつは、実践論といえば、大乗仏教においては伝統的に六つの実践が言われています。

① 布施《ふせ》波羅蜜《はらみつ》
② 持戒《じかい》波羅蜜《はらみつ》
③ 忍辱《にんにく》波羅蜜《はらみつ》
④ 精進《しょうじん》波羅蜜《はらみつ》
⑤ 禅定《ぜんじょう》波羅蜜《はらみつ》
⑥ 智慧《ちえ》波羅蜜《はらみつ》

これが「六波羅蜜」と呼ばれるものです。

ところで、お気づきの読者もおられるでしょうが、『般若心経』は正しくいえば、『仏説摩訶《まか》般若波羅蜜多心経』です。〝仏説〟は「仏が説かれた」といった意味で、〝摩訶〟はサンスクリット語の〝マハー〟の音訳で、「大きい」といった意味です。そして、〝般若波羅蜜多〟というのは、〝般若〟は「智慧」ですから、「智慧波羅蜜」であって、先程の六波羅蜜の六番目の智慧波羅蜜と同じものです。〝心経〟の〝心〟は「中心」「真髄」といった意味。だから『般若心経』は、「仏が説かれた偉大なる智慧波羅蜜（智慧の完成）の真髄を述べたお経」ということになるのです。

「ほとけの智慧」と「凡夫の智恵」

『般若心経』というのは、「智慧波羅蜜（智慧の完成）」を説いたお経だということが明らかになりました。そして、この「智慧波羅蜜」は六波羅蜜の一つです。

では、『般若心経』は、六波羅蜜のうちの智慧波羅蜜だけを述べたお経でしょうか……？　違います。『般若心経』は、六波羅蜜のうちの智慧波羅蜜だけが大事だとか、智慧波羅蜜だけでいいと言っているのではありません。そうではなくて、『般若心経』が言っているのは、布施波羅蜜・持戒波羅蜜・忍辱波羅蜜・精進波羅蜜・禅定波羅蜜の五波羅蜜を実践することによって智慧波羅蜜が得られる、ということです。そして同時に、智慧波羅蜜があることによって、わたしたちは五波羅蜜を実践できるのです。

つまり、智慧波羅蜜と五波羅蜜は、車の両輪のようなものです。相互に助け合って、六波羅蜜全体が完成していくのです。そういうことを『般若心経』は述べているのです。

具体例で見てみましょう。ここに牛乳瓶にはいった牛乳が一本あって、兄弟二人で飲むとします。ガラスのコップが二つあれば、この牛乳をうまく半分ずつにすることができますね。だが、あいにくと湯吞み茶碗が一つしかありません。どうすれば、この牛乳を半分に分けることができますか……？

この問題を「頭の体操」と考えると、うまい答えがあります。お兄ちゃんが牛乳瓶と湯呑み茶碗を使って、牛乳を等分に分けます。もちろん、正確に等分なんてできませんが、お兄ちゃんにすれば、「どちらをとっても同じである」と思えるように分ければいいのです。そして、弟に好きなほうをとらせるとよい。

それでいいですよね。弟は、こちらのほうがいいと思ってとったのだから、別段不満はありません。お兄ちゃんも、どちらでも同じと思っていますから、不満はないはずです。これが一つの智恵です。

わたしは、〝智恵〟と〝智慧〟を書き分けています。おわかりと思います。〝智慧〟は……仏教のことばでいう「般若」です。したがって、「ほとけさまの智慧」ということになります。

〝智恵〟のほうは……「凡夫の智恵」です。俗世間で言っている「智恵」であって、『般若心経』が言っている「智慧」ではありません。あるいはこれを「損得の智恵」と呼ぶこともできます。

したがって、いま発揮された智恵は、「凡夫の智恵」であり「損得の智恵」です。牛乳を正確に等分しないと、二人の兄弟のいずれかが損をすることになる……といった考え方にもとづいている智恵です。

ところが、こんな凡夫の智恵で、問題は本当に解決されているでしょうか……？　そうでないことは明らかですね。だって、そうでしょう。兄にすれば、一方を弟がとったとたん、「しまった！　あちらのほうが多かった。もう少しあちらを減らしておくべきだった……」となります。そして弟のほうも、兄が飲んでいる姿を見て、「やっぱりあちらのほうをとるべきだった！　お兄ちゃんはずるいや。ぼくはまた騙されてしまった――」と思うでしょう。これじゃあ、だめですよね。せっかくの牛乳が兄弟の仲を悪くさせる働きをしてしまいます。

わたしはよくお坊さんから、こんな話を聞かされます。親がなまじ財産を遺して死ぬと、かえってきょうだいの仲が悪くなりますね。仲のいいきょうだいだったのが、四十九日の法要の折など、お経なんて聴いていないで隣の部屋で喧嘩しているのです。もちろん、遺産相続の争いです。親に財産のないほうが、かえっていいようです。

布施で「ほとけの智慧」が得られる

わたしたちは日常生活において、凡夫の智恵でもって物事を処理しようとしています。しかし、凡夫の智恵というものは、人間が持っている煩悩をますます増大させる働きしかしないものです。その結果、一つ一つの問題はいちおう解決されても、わたしたちの心のほうはますます荒《すさ》む——といったことになりかねません。現代日本の社会が物質的には豊かな社会なのに、心の荒廃がひどくなっているのは、凡夫の智恵だけで問題を処理しているからだと思います。

そこで智慧波羅蜜です。わたしたちはほとけの智慧を持ち、ほとけの智慧によって問題を解決すべきです。

そうすると、こうなります。お兄ちゃんが弟に言う——。「おまえが好きなだけ、牛乳を飲んでいいよ。でも、少しでいいから、お兄ちゃんにも残しておいてね」

「うん。お兄ちゃん、ありがとう」。弟はそう言って、半分より少し少なめに牛乳を飲んで、お兄ちゃんに渡すのです。すると兄は、また少し残して飲みます。

「あとは全部、おまえが飲みなさい」

「ありがとう」

これで兄弟は「半分」ずつ牛乳を飲んだわけです。いや、二人は二人とも、自分は半分より多く飲んだ……と思っているでしょう。だから、二人は相手に感謝しています。これがほとけの智慧、すなわち智慧波羅蜜です。

では、どうすれば、このような智慧波羅蜜が得られますか……？　それは、布施波羅蜜によるのです。わたしたちが日頃、布施波羅蜜を実践していると、自然にほとけの智慧が身についてきます。

布施というのは、施しをしたほうから「ありがとう」と言うものです。

布施とお恵みは違ったものです。本書の最初のほうにも書きましたが、わたしはその違いを、

お恵みは……貰ったほうがお礼を言うべき性質のもの

布施は……施したほうが貰っていただいた人にお礼を言うべきもの

と説明しています。

二人の人間にケーキが一個しかないとき、それを半分ずつにして食べるのが布施ですが、正確にいえば、半分に分けて食べても布施にならない場合があります。それは、(俺がおまえに恵んでやったんだぞ！ おまえは俺に感謝しろ)と思っていたんでは、布施ではありません。また、相手がかわいそうだから半分やる……というのも、布施ではなしにお恵みです。

施しが布施になるためには、「あなたが一緒に食べてくださったので、ケーキがおいしくなりました。ありがとうございます」といった気持ちが、施したほうになければならないのです。そのような気持ちで施しがなされたとき、その施しが布施になり

ます。

そして、わたしたちがそのような布施のこころを持っていると、牛乳をなにも半分にしないでいいと気がつくのです。正確に半分ずつにしないでも、二人で譲り合って楽しく牛乳を飲んだほうがおいしいと思えるようになる、ほとけの智慧が得られます。

同時に、逆にわたしたちに布施ができるようになるには、ほとけの智慧が必要です。損得の智恵だけしかなければ、なかなか布施はできませんね。このように、智慧波羅蜜と布施波羅蜜は車の両輪の関係にあります。両輪があって、はじめて車は前に進むのです。これが仏教の実践論です。

人間関係における智慧波羅蜜

もう一つ、人間関係の問題を考えてみましょう。人間関係って、なかなか厄介ですよね。厄介な人間関係のうち、最も厄介なものは、わたしは親子の関係だと思います。その次が夫婦関係。三番目が嫁と姑の関係。そしてきょうだいの関係。ともあれ家族の関係がいちばん厄介で、職場の人間関係なんて大したことはありません。いや、それも厄介ですが、それより厄介なのが家族の関係です。

たとえば、夫婦の関係というのは、本当はこれを維持するのはむずかしいのです。簡単にひびが入ってしまいます。そのひびの入る原因は、たいていは浮気・不倫ですね。

では、夫婦関係にひびが入ったとき、わたしたちはどうすればいいでしょうか？　そのときに必要なのが智慧波羅蜜です。ところが、わたしたちは、これを凡夫の智恵でもって解決しようとするのですね。そうすると、ますますひびが大きくなります。

凡夫の智恵というものは、まずは自分を無罪にして、相手が悪いと非難するところからはじまります。たしかに人間関係のひびというものは、一見、どちらかに原因がありますけれども、夫なり妻なりが浮気をしたということは、愛情の不足が原因なのです。愛情というものはお互いに愛し合うものであって、浮気をしたほうだけが愛情不足ではないのです。浮気をしなかったほうだって、愛情が不足していたことにまちがいはありません。だから、一方だけを非難してすむ問題ではないのです。それに、非難すれば、憎しみが増大するだけです。

ひびの入った夫婦の関係を、わたしは、それでも続けなければならない……ということはないと思います。夫婦が離婚したっていいのです。離婚すべきか、それとも夫婦の関係をつづけていくか、それを決めるのに必要なのがほとけの智慧です。そして、ほとけの智慧のいいところは、憎しみを増大させないことです。というより、憎しみを増大させないように問題を解決できるようにするのが、ほとけの智慧なのです。つまり、智慧波羅蜜です。智慧を完成させようとする実践です。

もう少しわかりやすく言えば、夫婦がこのまま関係をつづけると、お互いに憎しみをつのらせるだけだとわかったとします。それがわかるには、ひびの入った夫婦であっても、相手の幸福を願うことが必要ですよ。わたしを（俺を）裏切った相手だから、あの人は（あいつは）不幸になるべきだ……といった考え方は凡夫の智恵です。それでは駄目なんです。

必要なのはほとけの智慧であって、それは相手の幸福を願うものでなければなりません。いまは裏切った相手であっても、その人と縁があって夫婦になったのだから、離婚するにしても相手の幸せを願いつつ別れたほうがいいのです。

そして、相手の幸福を願えるようになるには、そこに布施のこころが必要ですね。つまり、ここにおいても、智慧波羅蜜と布施波羅蜜が車の両輪になるのです。

もちろん、離婚だけが解決ではありません。離婚しないで、二人は夫婦の関係をつづけようとしてもよいのです。どちらがよいか、それを決めるのに智慧がいるのです。ほとけの智慧でもって決めねばなりません。世間体が悪いから離婚しないで同居の関係をつづけよう……なんて考え方は、凡夫の智恵です。それではかえって二人は憎み合い、不幸になります。

ほとけの智慧でもって考えてみて、二人でしっかりと再出発を誓ったのであれば、そこには布施波羅蜜のほかに、忍辱《にんにく》波羅蜜も必要になります。忍辱というのは、人からうける迷惑をじっと耐え忍ぶことです。

また、精進波羅蜜――正しい努力――も必要です。布施・忍辱・精進といった実践を通じて、智慧が完成するのです。そして智慧が得られることによって、わたしたちは布施や忍辱、精進の実践ができるようになります。

これが、『般若心経』が教えてくれる日常生活の中での仏教の実践論です。

13　布施とは「捨てる」こと

「舎利子」のエピソード

お釈迦さまの弟子に、シャーリプトラがいました。じつは、このシャーリプトラという人は、漢訳仏典では〝舎利弗《しゃりほつ》〟あるいは〝舎利子《しゃりし》〟と表記されています。『法華経』においては〝舎利弗〟、『般若心経』においては〝舎利子〟ですね。一般には〝舎利弗〟のほうが有名ですが、わたしたちは『般若心経』を読んでいるのですから、〝舎利子〟のほうを使います。

舎利子はお釈迦さまの弟子で、「智慧第一」と呼ばれています。数多いお釈迦さまの弟子の中では、舎利子がいちばん智慧にすぐれていた、というわけです。

それ故、舎利子は、ときどきお釈迦さまの代わりに説法をしています。晩年のお釈迦さまは病弱であって、説法の途中で背中が痛くなり、「舎利子よ、わたしに代わって説法をつづけてほしい」と言って壇を下りられたことが、一度ならずありました。

お釈迦さまの弟子の中でも、彼はピカ一であったのです。

ですが、その舎利子も、大乗仏教の立場からすれば、どうも仏教がよくわかっていない人間なのです。彼が「智慧第一」とされるのは、小乗仏教の教理についてはよくわかっているからですが、大乗仏教の考え方については、舎利子はまったくわかっていない――と評価されています。だから、大乗仏教の経典類では、舎利子は失敗ばかりする人物にされています。ちょっとかわいそうなぐらいです。

『大智度論』という仏典には、舎利子に関するこんな話が出てきます。それは、舎利子の前世での出来事です。ですから、これはフィクションだと思って読んでください。

最初、舎利子は大乗仏教の修行者でした。そして彼は、布施の修行をしていました。彼は有名になり、多くの人が彼のところに施しを求めてやって来ます。

ある日のことです。一人のバラモンがやって来て、舎利子に布施を求めました。バラモンというのは、古代インドのバラモン教の僧です。

「あなたは何でも施しをされることで有名だが、本当ですか？」

「ああ、わたしが持っているものでしたら、何でも施します」

問われて、舎利子はそう答えました。すると、バラモンは言いました。

「あなたの眼を施してください」

舎利子はびっくりしました。

「わたしの眼は、わたしの眼窩《がんか》にあってこそ役に立つのです。あなたに施しても、何にもならないじゃありませんか!? どうして、そのようなものを要求するのです？」

「あなたは、布施をするのに、いちいち理屈をこねるのですか？」

バラモンに言われて、舎利子は、（しまった！）と思います。そうなんです。布施というものは、こだわりなくせねばなりません。それで舎利子は、自分の眼窩に指を入れて右の眼球を抉《えぐ》り出します。手は血だらけになります。

ですが、舎利子から眼球を貰ったバラモンは、それをくんくんと嗅いだあと、「なんだ、臭い目玉だな……。こんなもの、役に立たん」と言い、その眼を地面に投げ捨て、おまけにそれを足で踏んづけました。

見ていて、舎利子にむらむらと怒りがこみあげてきました。

そのとき彼は、自分には大乗仏教の修行――とくに布施行――はできない。自分にできるのは、簡単な小乗仏教の修行でしかない、と悟ったのです。そして舎利子は、大乗仏教をあきらめて小乗仏教に転じ、出家をしたのです。

「出家」の意味

繰り返し注意しておきますが、これはフィクションです。実際にあった話ではありません。けれども、この話は、『般若心経』が言おうとしている大乗仏教の基本精神を、わたしたちに教えてくれています。

舎利子は「出家」しました。〝出家〟とは、「家庭などとの関係を切り、世俗を離れ、戒を受けて僧になること。また、その人」（『大辞林』）と定義されています。もっとも、この定義だと、現代日本のお坊さんは「出家」でなくなります。日本のいまのお坊さんは、家庭などとの関係を切っていません。そこで辞書には、この定義に加えて、「現代では、各宗派の定めにしたがって、僧としての資格を得ること」としています。日本のお坊さんは、「在家の出家」なんです。

それはともかく、小乗仏教でいう「出家」は、ホームレスなんです。ホームレスの人たちは、「家庭などとの関係を切」っています。あの姿が本来の出家なんですよね。ところで、最近の日本にもホームレスの人たちが多くなりましたが、わたしが思うに、彼らは幸福ですよね。会社に縛りつけられてあくせくし、いらいらとし、がつがつとした人生をおくっているサラリーマンなんかより、ホームレスのほうがはるかに幸福だと思います。彼らはのんびりと、屈託のない毎日を暮らしています。もちろん、全員がそうだというのではありません。不幸なホームレスの人もおいでになります。

ともあれ小乗仏教は、ホームレスのあのような生活を理想としていたのです。だから、また簡単になれます。もちろん、ホームレスになるには、相当に勇気がいります。ホームレスになればゆったりと生きられる……とわかっていても、なかなか決断がつきません。それはそうですが、いったんホームレスになってしまえば、つまり出家してしまえば、あとは簡単です。

けれども、大乗仏教は違います。大乗仏教というのは、あのようなホームレスの屈託のない生き方を、在家の生活をしながらしようとするものです。だから、むずかしいのです。

舎利子は、そのむずかしさに負けて、それで小乗仏教に転じました。だもので、大乗仏教においては、舎利子は本当の仏教（大乗仏教）がわかっていない人間として、いささかからかいの対象とされています。

『般若心経』においても、

「舎利子《しゃりし》。色不異空《しきふいくう》。空不異色《くうふいしき》。色即是空《しきそくぜくう》。空即是色《くうそくぜしき》。……」〔舎利子よ。色は空に異ならず、空は色に異ならず。色は即《すなわ》ち是《こ》れ空、空は即ち是れ色。……〕

「舎利子《しゃりし》。是諸法空相《ぜしょほうくうそう》。不生不滅《ふしょうふめつ》。不垢不浄《ふくふじょう》。不増不減《ふぞうふげん》。……」「舎利子よ。是《こ》の諸法は空の相にして、生ぜず滅せず、垢《く》ならず浄《じょう》ならず、増ぜず減ぜず。……」

といったように、お釈迦さまが一生懸命、舎利子に大乗仏教の精神を教えておられます。

そなたは、すぐにホームレス（出家）になるといった安易な道を選ぼうとするが、それじゃあ、駄目だよ。大乗仏教の精神に立って、在家の身でもって仏教の実践をしないといけない。『般若心経』において、お釈迦さまは、舎利子を窘《たしな》めておられるのです。ここのところは、そのように理解してください。

布施とは「捨てる」こと

さて、舎利子は、大乗仏教の布施行（これを「布施波羅蜜《ふせはらみつ》」ということは、前に述べました）に失敗したのですが、いったい失敗の原因は何だったのでしょうか……？

彼は、すごい覚悟でもって抉り取った自分の眼をバラモンに布施し、そのバラモンがその眼を投げ捨て、おまけに足で踏んづけるといった態度に出たとき、思わず腹を立てたのでした。しかし、これは、バラモンが悪いのです。バラモンにとって舎利子の眼球などどうせ要らないにきまっているのですから、バラモンが乞わなければいいのです。そうすれば、舎利子も痛い思いをしないですみました。……といったふうに、わたしたちは考えてしまいますね。じつは、その考え方がよくないのです。

結論から先に言いましょう。布施とは、「喜んで捨てること（喜捨）」でなければならないのです。わたしが持っている大事な物を捨てる。相手がそれを拾うかもしれませんし、拾わないかもしれません。それはどちらでもいいのです。だって、それは、相手の問題です。わたしとすれば、わたしが持っている物を捨てるだけです。それが布施なのです。

ただし、捨てるといっても、なにもほうり投げる必要はありません。ちゃんと相手に手渡していいのですが、気持ちとしては捨てる気持ちでせねばならないのです。

わたしたちが他人に物をあげたとき、相手がそれを喜んでくれるとうれしくなります。しかし、相手が、（なんだ、こんなもの）といった態度をとると、こちらは腹立たしくなるのです。それが人情ですが、そんな気持ちで施したのでは布施になりません。せっかく施しても、ときにこちらが腹立たしくなるのであれば、そういう施しはしないほうがよいのです。だから、布施は捨てることなんです。

そして、舎利子が失敗したのが、まさにこの点ですね。彼が目玉を布施するのであれば、彼はそれを捨てるとよかったのです。彼が捨てた物をバラモンが拾ってもいいし、あるいはバラモンがそれを投げ捨てて足で踏んづけてもいいのです。舎利子は捨てたのですから、捨てた物がどうされようと、舎利子には関係がないのです。そのことが舎利子にはわかっていませんでした。だから彼は失敗したのです。

本当に布施って、むずかしいですね。でも、それはまた簡単なことなんですよ。たとえば、電車の中で老人や身体障害者に席を譲ります。それも布施になるのですが、そのとき、(かわいそうだから座らせてやる)と思ったのでは布施になりません。それが布施になるのは、自分がその席を捨てたときです。

その意味で、いちばんいいのは、老人が乗って来られたとき、さっと立ち上がって遠くに行ってしまうことでしょう。そんなことをすれば、別の若い奴が座るかもしれない……と思われるかもしれませんが、そんなことはどうでもいいのです。

自分が捨てたものを他人がどうしようと、それは他人の勝手なんです。要するに捨てればいいのだから、その意味では布施は簡単です。

ほとけさまにお礼を言う

前に述べましたが、お姉ちゃんがお友達の家から、ケーキを一個、お土産に貰ってきました。家には弟がいます。そのとき、どこの家庭でも、「仲良く半分にして食べなさい」と教えるでしょう。だが、それでいいのでしょうか……。

わたしは最初に、わが家での出来事を報告しておきました。わたしは子どもたちに布施の精神を教えたくて、「お父さんやお母さんがあなたがたにお願いしておきたいのは、一つのケーキを半分ずつ食べて、そのほうがおいしいと思える子どもになってほしい」と言いました。子どもたちが小さいころですから、そういうふうに教えるほかなかったのです。しかし、その点をもう少し考えてみましょう。

たいていの家庭で普通にやっている、「仲良く半分ずつに分ける方法」は、本当はよくないのです。なぜならば、その方法だと、お土産を貰ってきたお姉ちゃんのほうに、「わたしのケーキを半分、弟にあげた」といった意識があります。したがって、弟に「感謝の気持ち」を要求する気持ちが残ります。弟があまりお礼を言わなければ(実際、あげたほうには、相手があまりお礼を言っていないように見えてしまうものです)、あげて損をした気持ちになります。それがよくないのです。

さらに、半分ずつにするといいますが、正確に半分にできるわけがありません。どうしても、いずれかが大きくなります。前にも指摘しておきましたが、おもしろいこと(?)に相手が取ったほうが大きく見えるものです。そうすると双方が、自分は損をした……と考えるようになります。このように、普通に行われている半分ずつの方式は、心の底にわだかまりが残ってしまうものです。極端に言えば、相手を憎む気持ちが出来てしまいます。やはり、布施の精神が必要なんです。

では、どうすべきでしょうか……？　布施の精神は、捨てること、でしたね。お姉ちゃんが貰ってきたケーキを、捨ててしまえばいいのです。なまじケーキがあるために、きょうだいの仲が悪くなってはいけません。

でも、捨てる――だなんて、そんなこと、できないですよね。それこそ、もったいないと思います。けれども、『般若心経』の教えは捨てることですから、わたしたちは捨てないといけないのです。最初、わたしは、この矛盾に悩みました。どうしたらいいか、なかなかわからなかったのです。

でも、気がついてみると、（なあんだ……）ということです。要するに、「ほとけさまにお供えする」といいのです。お姉ちゃんが貰ってきたケーキを、ほとけさまにお供えします。具体的には仏壇に供えるといいでしょう。そうすることによって、それはお姉ちゃんのケーキでなくなります。所有権は放棄されたのです。ほとけさまにお供えすると、ほとけさまのものになるんだよ……と、しっかりと教育しておくのです。それが宗教教育です。そうして、そのあと、ほとけさまからいただくのです。だから、弟はケーキをお姉ちゃんから貰うのではなしに、ほとけさまからいただくのです。弟は、「ほとけさま、ありがとう」とお礼を言います。もちろん、お姉ちゃんも、「ほとけさま、ありがとう」とお礼を言わねばなりません。それが仏教の布施の精神です。施す人は捨てるのであり、貰った人はほとけさまにお礼を言う。同時に、施した人もほとけさまにお礼を言います。『般若心経』が教えているのは、そのような布施の実践なんです。

14 「少欲知足」のすすめ

「貧者の一灯」こそ真の布施

「貧者の一灯」ということばがあります。鈴木棠三『新編・故事ことわざ辞典』（創拓社）を見ると、「長者の万灯より貧者の一灯」を見よ、となっていて、そこに詳しい解説があります。ちょっと引用しておきます。

「たとえわずかでも貧者の真心のこもった寄進は、富者の虚栄による大量の寄進よりも、まさっているということ。物の多少よりも誠意あるなしが大切であることのたとえ。阿闍世王《あじゃせ》が釈迦《しゃか》を請じて供養をし、帰りがけに宮殿から祇園精舎《ぎおんしょうじゃ》に至る道筋に百斛《ひゃっこく》の油を使って灯籠《とうろう》をともしたとき、貧しい一老女が自分も灯籠をあげようと思い、乏しい中からわずかな銭を都合してともしたところ、王のあげた灯は消えたり油が尽きたりしたが、この老女の灯だけは終夜消えず、明け方に目連《もくれん》尊者が三度消そうとしたが、ますます明るく光ったという故事」

阿闍世王というのは、古代インドのマガダ国の王さまです。お釈迦さまをご招待申し上げて、お釈迦さまの帰路を万灯でもって照明しようと考えたのですね。ところが、物乞いで生きている老女がいて、この老女はその日の稼ぎを全部投じて、わずか一灯を献じました。

その翌日、阿闍世王の献じた万灯はすべて消えているが、老女の一灯はあかあかとついている。それを目連尊者が消そうとしますが、なぜか消えません。目連は舎利子《しゃりし》と並ぶ、お釈迦さまのすぐれた弟子です。「智慧第一」の舎利子に対して、「神通《じんずう》第一」の目連といわれています。神通力（超能力）が第一なんです。その目連が消そうとしても消えません。

それを見て、お釈迦さまが言われました。「目連よ、そなたの神通力によっても、この灯は消すことができないのだよ。なぜなら、この一灯こそ、真の布施の灯だからね」と。

では、なぜ、老女の献灯が真の布施なのでしょうか？　それは、阿闍世王の万灯がなぜ真の布施にならないか？　と聞くことと同じですが、その理由は、阿闍世王にとって万灯が、必要不可欠のものではなかったからです。先程引用した辞書は、ここのところをまちがっています。あの辞書は、阿闍世王の献灯を、「富者の虚栄による大量の寄進」と決めつけていますが、じゃあ、阿闍世王が誠意をもって献すれば布施になるかといえば、そうではないのです。誠意のある・なしは、あまり関係ありません。

その施しが布施になるか、ならないかの決め手は、「その施しをすることによって、施した人間が生活に困るような財物を施すこと」なのです。老女は一灯を献ずることによって、たちまちその日の生活に困りました。その日、食べる物がなかったのです。しかし、阿闍世王は、万灯を献じても生活に困りません。だから、老女の一灯は布施になり、阿闍世王の万灯は真の布施にはなっていないのです。

布施ができないという自覚

わたしたち日本人は、他人《ひと》に物をあげるとき、「つまらない物ですが……」と言います。外国人にこれをやると、つまらない物をくれるなんて、けしからんと、怒りだします。外国人にとっては、すばらしい物をプレゼントするのがあたりまえなんですね。

もっとも、日本人が、本当につまらない物を贈るのかといえば、それは違いますね。「つまらない物」というのは言葉の綾で、謙遜して言っているのです。でも外国人にはそういう謙遜は通じませんから、要注意。

それはそうとして、布施というものは、自分が持っている大事なものを施すことです。自分に不要なものを施しても、それは布施にならないのです。

わたしはときどき、臓器移植において臓器を提供するのは、仏教の布施になりますか……？と質問されます。たしかに、仏教学者のうちには、布施の理論をもって臓器移植に賛成しておられる人も多いようです。けれども、わたしは反対です。臓器の提供は布施ではありません。なぜなら、死体にとって臓器は必要なものではありません。不要なものです。不要なものをあげたところで、それは布施ではないのです。

布施をしたいのであれば、生きているうちに、自分の臓器をあげることです。そうすれば布施になります。

ただし、誤解しないでくださいよ。わたしは、臓器の提供は悪いことだからやめよ……と主張しているのではありません。臓器の提供はいいことかもしれません。わたしは、それが仏教の布施ではないと言っているだけです。御歳暮や御中元は布施ではありません。でも、布施でないから廃止すべし——と、そんなふうに極端に受け取らないでください。わたしは、『般若心経』の考え方を論じているのです。

いずれにしても、布施はむずかしいものです。ひとに物をあげれば布施になる——

と、あまり簡単に考えないでください。

さて、阿闍世王の万灯の寄進が布施でないことはおわかりいただけましたね。では、阿闍世王はどうすれば布施ができたでしょうか？　彼は、全財産を施せばよかったのです。全財産を投げ出したとき、それが布施になります。

同様にわたしたちも、持っている全財産を投げ出したとき、布施をしたことになります。

そんなこと、不可能だ！　おまえは、なにを寝惚けたことを言っているのだ!?　そんな現実性のないことを言っているから、仏教を誰も信じなくなるのだ！　愚かなことを言いなさんな……。読者の、そんな声が聞こえてきます。

まあ、ちょっと待ってください。なるほど、わたしたちに布施はできません。が、じつは、その自覚が大事なのです。わたしたちが少しばかりの施しをさせていただく。そんなもの、布施ではありません。布施であるためには、全財産を施さねばなりませんが、それはわたしたちにできない。その「できない」という自覚をもって施しをすれば、それが布施になるのです。

おわかりですか……？　わたしの施しは布施でありません。でも、申し訳ありませんが、わたしには布施ができないのです。だから、これで勘弁してください。そのような後ろめたさをもって施しをしろ！　そうすれば、それが布施になる。『般若心経』はそう言っているのです。

少欲知足の布施

それから、布施というのは、別の見方をすれば、「貪《むさぼ》らないこと」です。自分のうちにある貪欲を抑制するのが布施になります。

こんなふうに考えてみてください。電車の中で、七人が座れるシートに、六人しか座っていないことがあります。みんなが少し腰をずらすと、もう一人座ることができます。そんな光景を見ると、（けしからん、あの人を座らせてあげればいいのに……）と思いますね。

でも、中年のおばさんが、自分の横の狭いスペースに大きな尻を押し込んできたりすれば、（少しは遠慮したらどうなんだ⁉）と思うでしょう。まあ、勝手なものです。

ここで布施の精神といえば、七人掛けのところに七人が座れるようにすることではないと思います。マナーとしては、七人が座れるようにすべきです。しかし、布施の精神といえば、一人が立つことによって、あとの六人をゆったりと座らせてあげるほうではないでしょうか。七人掛けのところに七人が座ったのでは、やはり窮屈ですよね。日本は経済大国といいますが、どうして電車の座席があんなに窮屈なんですか。いや、通勤ラッシュなんて、経済大国の姿ではありませんよね。日本は貧しい国です。ゆとりのない国です。わたしはそう思っています。

まあ、ともあれ、一人が立つことによって六人が楽になるのであれば、その一人は六人に布施したことになります。(座りたい……。楽をしたい)といった自分の欲望を抑えることによって、布施ができるのです。布施とは「貪らないこと」だというのは、そういう意味です。

わたしたち日本人は、いま、贅沢な生活をしています。聞けば、ホームレスの人たちが糖尿病で悩んでいるとか。いや、銀座の鳥までが糖尿病に罹《かか》っているそうです。鳥が糖尿病になるのでしょうか？　まあ、笑い話ですよね。

しかし、日本人が贅沢きわまる生活をしていることはまちがいありません。このような贅沢は、インドやアフリカの人たちの貧しい生活の犠牲の上で許されているのです。なぜなら、もしもインドやアフリカの人々が日本人と同レベルの贅沢な生活をはじめれば、たちまち地球の資源は涸渇してしまいます。エネルギー危機になり、環境汚染は地球的規模で進行するでしょう。人間が住めない地球になります。

だとすれば、わたしたち日本人は、インドやアフリカの人たちの「貪らない布施」

によって、贅沢を許されているのです。

そして、わたしたちがこのままの贅沢をつづけるなら、たとえインドやアフリカの人々が贅沢をはじめないとしても(その保証はどこにもありませんが……)、遠からず地球の資源はなくなります。地球の破滅がやってきます。そうしないためにも、わたしたちは貪りをやめねばなりません。

仏教では、古来、「少欲知足」を教えています。「少欲知足」とは、欲を少なくし、足るを知る心を持て——といった教えです。

欲を少なくするのは、別段、無欲ではありません。よく、仏教は「無欲」を教えていると受け取られますが、それは錯覚です。無欲では、人間は生きられませんよ。また、「小欲」でもありません。欲望が小さいのはいいことですが、仏教は必ずしも欲望が小さくなければならない、とは言っていません。

そうではなくて、「少欲」は、わたしたちの欲望を少なくすることです。そして、足るを知る。それが「少欲知足」です。そして、その「少欲知足」がほかならぬ布施そのものであると、仏教は教えています。そのような意味での布施であれば、わたしたちにもできそうですね。

和顔愛語の布施

だいぶ昔のことですが、わたしはアメリカ人に叱られたことがあります。

「おまえは、きょうは体の具合が悪いのか？」

そう訊かれて、わたしは、「どこも悪くない」と答えました。

「何か、心配事でもあるのか？」

「いいや、別に心配事もない」

「それじゃあ、そんな顔をやめろ」

「しかし、これは、わたしの〝地顔《じがお》〟である」

〝地顔〟なんてことばは、わたしの創作です。もっとも、アメリカ人には通じませんから、わたしは〝普段の顔〟と言いました。アメリカ人は、「その〝普段の顔〟がいけない。おまえはもっとスマイルを浮かべるべきだ」と、わたしを叱るのです。

わたしは、いささか癪《しゃく》に障りました。でも、あとで、気がついたのです。じつは、『無量寿経』というお経には、「和顔愛語《わげんあいご》」といったことばが出てきます。「柔和な顔と愛のことば」です。そのお経のことばを、わたしはアメリカ人に教えられたのです。

そして、考えてみると、これは布施なのです。「笑顔の布施とことばの布施」といえばいいでしょうか。

仏頂面をしていると、周りが暗くなります。たしかゲーテのことばであったと思うのですが、

「不機嫌ほど大きな罪はない」

と言われています。不機嫌でいると、周りの人まで不機嫌が伝染します。これほど大きな罪はありません。

赤ん坊のにこにこした顔を見ると、わたしたちはほっとします。たぶんほとけさまは、「あなたには布施する財産なんてない。けれども笑顔の布施はできる。だから、笑顔の布施をするように……」と、あのあどけない笑顔を赤ん坊に授けられたのです。それを、おとなになって、わたしたちは忘れてしまうのです。ほとけさまに叱られそうです。

そして、ことばの布施。親から子どもに、ことばの布施をします。

「お父さんは、おまえの味方だぞ。おまえにどんなことがあっても、お父さんはおまえの味方なんだ。そのことを忘れるな！」

それが布施のことばです。

「お母さんは、あなたが大好きですよ。あなたがどうなろうと、お母さんはあなたが

大好きですよ」

子どもたちは布施のことばに飢えているのです。「勉強しろ」「がんばれ」。それしか言って貰えない子どもたちがかわいそうでなりません。布施のことばを聞かされていたら、自殺しないですんだ子がたくさんいます。たとえ学校でいじめられても、お父さん、お母さんから布施のことばを貰っていれば、自殺なんかしないのです。

いまの親たちは、子どもにお小遣いをふんだんに与えています。子どもが欲しがる品物を買い与えます。それが布施だと思っているようです。でも、それは布施ではありません。

子どもの欲しがるもの（というより、テレビのコマーシャルなどによって、欲しがるようにさせられたものです）を買い与えるのは、いわば子どもを、「欲望人間」に育てているだけです。本当の布施は、「和顔愛語」だということを、しっかりと知ってほしいのです。

15　迷惑をかけている自覚

他人に迷惑をかけているわたし

「いまの日本では、学校の先生や親たちは、〝あなたがたは他人に迷惑をかけないようにしなさい〟と教えている。こんなことを教えていて、真の宗教教育はできないだろう……」

「なるほどな、〝他人に迷惑をかけるな〟と教えるのか⁉ そんな教育はおかしい！」

これは、インドの新聞記者とわたしの対話です。数年前、わたしがインドに旅行したとき、ニューデリーにおいて現地の新聞記者からインタビューを受けました。そのとき、日本ではどのような宗教教育をやっているか？　と問われて、わたしが答えたことばです。そして、インド人は、わたしのことばがちゃんとわかったのです。つまり、日本では「他人に迷惑をかけるな」と子どもたちに教えているが、これはおかしな教育であるということが、インド人にはわかるのです。

でも、同席していた日本人にはわかりません。

「ひろ先生、〝他人に迷惑をかけるな〟と教えて、どうしていけないのですか？」

日本人はそう尋ねました。それでわたしは、インド人に質問しました。

「インドでは、どのように教えているの……？」

「インドでは、親は子どもに、〝あなたは他人に迷惑をかけているのですよ〟と教えます。それが本当の教育です」

インド人はそう答えました。おわかりになりますか？ 同席していた日本人は、それでも腑《ふ》に落ちない顔をしていたので、わたしは少し解説せねばならなかったのです。そうなんです。わたしたちはみんな、他人に迷惑をかけています。極端に言えば、人間が生きているだけで他人に迷惑なのです。人間が一人いれば、それだけ地球上の酸素は少なくなるのです。

あなたの息子が大学に合格します。親にとってそれは喜びですが、そのとき、確実に一人はその大学に不合格になっているのです。一人が会社に入社できると、誰か一人は入社できなかった人がいます。迷惑をかけているのです。あなたが家を建てて住んでいると、そこは誰も住めなくなります。一つしかないブランコに二人同時に乗りたくなれば、ブランコに乗った人は、乗れなかった人にやっぱり迷惑をかけているのですね。

わたしたちは、まずそのことを子どもたちにしっかりと教える必要があります。そして、自分が他人に迷惑をかけているのを赦《ゆる》されているのだから、わたしたちもまた他人の迷惑を耐え忍ばねばなりません。この世の中は、満員電車のようなものです。自分が乗っているから満員になるのです。他の人間が乗っているのは迷惑だ。他の人間は降りろ！　そんなエゴイズムは通用しません。他の人間は降りろ——と言えば、そういうおまえが降りろ、と言われるでしょう。わたしたちはみんな迷惑を耐え忍んで生きねばならない。それが、仏教でいう、「忍辱《にんにく》」です。忍辱というのは、他人の迷惑をじっと耐え忍ぶことです。他人の迷惑を赦すことなのです。

迷惑を耐え忍ぶ

日本人は子どもに、他人に迷惑をかけるな——と教えます。そのように教えると、子どもは迷惑の量を測るようになります。いや、子どもに教えるおとなが、迷惑の量を測っているのです。自分は相手にほんの少し迷惑をかけただけだ。しかし、相手はわたしに、すごい迷惑をかけている。そんなふうに考えます。

前にも言いましたが、わたしたちが使っている物差しは、ゴム紐の物差しなんです。だから、相手の迷惑を測るときは、ゴム紐を伸ばして、こんなに大きい……と考えます。そして自分に関しては、たったこれだけ……と、ゴム紐の物差しを縮めて測っているのです。

大正生まれの男性が、こんな話をしてくれました。明治生まれの自分の父は、小学校すら満足に卒業していない人間であるが、立派であった。子どものころに住んでいた自分の家は二階建てで、その二階から海岸が眺められた。とても見晴らしのいい家であったが、あるとき、その前に他人の家が建った。そのため、海岸が見えなくなってしまった。それで子どもの彼は父親に、「お父さん、あんな家、焼けてしまうといいのにね」と言った。すると父は、わたしをぶん殴って叱った。

「他人様《ひとさま》がせっかく建てられて喜んでいる家が焼けてしまえばいい……などと、おまえはなんてことを言うのだ!?」

明治や大正の日本人は、そうだったのです。しかし、昭和や平成の日本人は、まったく違います。子どもを叱る前に、親が、日照権を奪われたとか、見晴らし権の侵害であるとか騒ぎたて、隣人と訴訟で争っているかもしれません。まさに日本人は宗教音痴になったのです。宗教のことがさっぱりわからない。

他人に迷惑をかけるな――というのは、道徳の考え方です。

道徳的には、他人に迷惑をかけないようにしよう、というのが正しいのです。

しかし、仏教は違います。仏教は道徳ではありません。仏教が教えているのは、他人に迷惑をかけるなではなしに、わたしたちは他人に迷惑をかけているのだから、他人から受ける迷惑をしっかりと耐え忍びなさい……ということです。

これが忍辱波羅蜜《にんにくはらみつ》です。忍辱波羅蜜とは、「忍辱の完成」です。しかし、もちろん、わたしたちは凡夫だから、それを完成させることはできません。いつまでたっても未完成です。でも、未完成でいいのです。未完成であることをしっかりと自覚して、そして一歩でもいい、半歩でもいいから完成に向かって歩もうとするのが「波羅蜜」です。

こだわりのない智慧

こんな例があります。浄土真宗系の仏教学者の話です。ある年の夏休みのはじまる直前、その仏教学者の家が火事で焼けてしまった。火事は隣家の失火です。彼の家は類焼に遭ったのです。その夏休みの終わったのち、新学期になって、彼は大学生たちにこんなことを語ったといいます。

「ことしの夏休みほど、わたしは〝仏教〟の勉強をさせてもらったことはなかった……」

最初、彼は隣家が憎くてならなかった。だって、その隣家のせいで、彼はたくさんの蔵書を失い、未発表の研究論文を灰にしたのだから、憎いのは当然です。彼は当初は、なんとか隣家に仕返しをすることを考えました。だが、そのうちに、彼は気がついたのです。自分は仏教学者である。その仏教学者が仕返しを考えるなんて、やはりおかしい。それじゃあ、何のために仏教を勉強してきたのかわからないではないか……と。

そこで彼は、自分は隣家によって大事な蔵書や研究論文を、「焼かれた」と考えていたが、それだから憎しみが消えないのだ。それ故、蔵書や研究論文を自分で、「焼いた」のだと考えようとしました。そうすると、憎しみが消えるだろう……と思ったのです。でも、それは無理でした。自分で焼いたわけではないものを、無理に自分で焼いたと思おうとしても、不可能です。

そのとき、彼ははっと気がついた。「焼かれた」でもない、「焼いた」でもない、ただ、「焼けた」と思えばいいのだ、ということに。そして、彼は浄土真宗の人でしたから、静かに「南無阿弥陀仏」のお念仏を称えていました。そうしているうちに、自然に火事のことをあきらめることができたといいます。

これが、『般若心経』でいう、「空《くう》」だと思います。「空」というのは、「こだわるな！」ということです。「焼かれた」と見るのもこだわりであれば、「焼いた」と見るのもこだわりですね。こだわりのない「空」のこころで見れば、家はただ「焼けた」のです。

そして、それがまた、「般若《はんにゃ》」なのです。〝般若〟というのは「智慧」ですが、それは「こだわりのない智慧」であり、「ほとけの智慧」です。そういう智慧、すなわち般若を獲得せよ、と教えているのが『般若心経』です。そういう般若が得られたなら、わたしたちはなんのわだかまりもなく、おおらかに生きられるのです。

〝忍辱〟には限界がない

じつは、ここまでの原稿を、わたしはハワイで執筆しました。ハワイに行ったのは遊びではなく、天台宗のハワイ別院で運営されているハワイ一隅会の創立二十周年記念の講演会で講演するためでした。そのほか、ハワイのラジオに出演したり、新聞の対談に応じたり、いろいろ「仕事」がありました。その合間に本書の原稿を書いていたのですが、ここまで書いたあとホテルをチェック・アウトし、あとは飛行機の中で書こうと思っていました。

ところが、飛行機の中は、小さな子どもが乗っていて、しかもお父さんがその子とふざけているのです。やかましいのです。いえ、日本人の親子ではありません。欧米人でした。日本人のマナー違反は珍しくありませんが、アメリカ人も飛行機の中で騒ぐのですね。よほど注意してやろうかと思いました。

だが、自分の書いている原稿のことを考えて、それはやめました。ここはひとつ、忍辱波羅蜜でなければならない……と考えたのです。でもね、そう考えても、こちらは予定していた原稿が書けないので、いらいらします。こんなにいらいらするのであれば、あっさりと相手に注意して、あとはすっきりしたほうがよいのではないか……。そんなふうにも思いました。

じつは、それでもいいのです。忍辱波羅蜜というものは、必ずしもこちらが我慢に我慢を重ねることではありません。我慢に我慢を重ねていると、その我慢の限界にきたとき、突如、わたしたちは怒りを爆発させてしまいます。それがいちばんよくないのです。

こんな例で考えてください。食事のあと、夫が箸でもって歯の掃除をします。爪楊枝の代わりに箸を使うわけですね。非常に行儀の悪いものです。しかし、新婚早々なもので、妻は黙っていました。（見苦しいわ……）と思いながらも、我慢をしていたのです。

そして、我慢に我慢を重ねた末、結婚して三年目、ある日突然、「あなたなんかとは、わたしは結婚生活をつづけられません。離婚します」と言い出します。これには夫もびっくりです。このような我慢は、決して忍辱波羅蜜ではありませんね。

夫は知らないのです。箸でもって歯をせせるのが、いかにマナーに反することか。そして、それが妻の神経を苛立てていることを。子どものころから、彼は親に注意されたことがなかったのです。

ですから、最初に妻が注意すれば、夫もすんなりとわかってくれたでしょう。もちろん、それが癖になっていますから、すぐにやめられるとはかぎりません。でも、やさしく、注意深く、何度も忠告すれば、きっとそのうちその癖は直るでしょう。そうしたほうがよかったのかもしれません。いや、我慢をするより、そのほうがいいと思います。

もちろん、忍辱波羅蜜もいいのですよ。けれども、まちがってもらっては困るのは、忍辱波羅蜜をたんなる我慢だと思うことです。

我慢には限界があります。「堪忍袋《かんにんぶくろ》の緒《お》が切れる」と言いますね。それが我慢です。忍辱波羅蜜には限界がありません。あってはならないのです。

では、ある状況において、忍辱波羅蜜を選ぶか、それとも相手に注意するか、どちらがよいのでしょうか？　忍辱ができるのであれば、もちろん忍辱のほうがよいと思います。

しかし、忍辱すると決めて、途中でやめてはいけません。

夫が箸でもって歯をせせっている。忍辱するのであれば、最後の最後まで（つまり、夫が先に死ぬか、自分が先に死ぬか、ともかく死別するまで）黙って見ているのです。いや、それを好きになったほうがいいのです。（愛らしい行為だわ……）と思えるようになるべきです。飛行機の中で、親子が騒いでいる。それをほほえましい光景と見られるようになるべきです。そういう自信があって、はじめて忍辱できるのですね。

一方、相手にやさしく注意することも、やはりむずかしいですよ。こちらが腹を立てているときに注意すれば、やさしい注意にはなりません。つい、どなってしまいます。「やめろ！　けしからんじゃないか！」。そんな荒々しいことばになります。だから、相手の行為に腹を立てていたり、相手の行為が迷惑だと思っていたのでは、やさしく注意することは不可能ですね。その意味では、こちらの忠告のほうがむずかしいのです。

したがって、結論は、やはり忍辱波羅蜜になります。つまり、まずしっかりと、相手の迷惑を赦し、そしてどこまでも相手の迷惑を耐え忍ぼうと決意するのです。でも、耐え忍ぶと思っているとこちらがしんどいですから、いちばんいいのはそれを好きになることです。あるいは、こだわらないことです。そのような忍辱が、『般若心経』の教えるところなんですよ。

16 「戒」を守ることの意味

「戒」というのは習慣性

「嘘をつくと、死んで地獄で閻魔さんに舌を抜かれますよ」

子どものころ、おとなたちにそう言って脅され、閻魔さんなんていないとわかっていながら、ちょっぴりこわくなったものです。もっとも最近の子どもは、母親がこんなことを言おうものなら、「お母さん、お母さんの舌は閻魔さんに抜かれちゃうよ、そんなこと言ってると」と、親をやりこめるそうです。やりにくい時代になりました。

仏教では、もちろん虚言をいましめています。

仏教には、基本的な「戒」が五つあって、これを五戒といいます。

①不殺生戒《せっしょう》……すべての生き物を殺さぬようにしよう。

②不妄語戒《もうご》……嘘をつかないようにしよう。

③不偸盗戒《ちゅうとう》……与えられない物を自分の物にしないでおこう。
④不邪淫戒《じゃいん》……みだらなセックスをしないようにしよう。
⑤不飲酒戒《おんじゅ》……酒を飲まずにおこう。

この五戒はよく誤解されるのですが、命令形ではありません。不殺生戒を「生き物を殺すな！」、不飲酒戒を「酒を飲むな！」と解釈するのは、ちょっと誤解です。

じつは、戒というのは、サンスクリット語では〝シーラ〟といい、「習慣性」の意味なんです。朝、起きて顔を洗う習慣の人は（日本人はそれが大部分ですが）、旅行先でも顔を洗えないと気持ちが悪い。それはそういう習慣がついているからです。それと同じように、生き物を殺さない習慣を身につけようというのが、不殺生戒なのです。

だから、戒には、悪戒――悪い習慣もあります。わたしなんか――反省しているのですが――道を歩いていて、つい道端の雑草の葉を一枝ちぎってみたりします。生け垣の樹木の葉をちぎる。別段、それをどうこうするのではありませんが、ついそうするのです。これは悪い癖です。悪戒なんです。

ところで、たとえば不殺生戒ですが、これは生き物を殺さない習慣を身につけよう……というものです。そして、その生き物のうちには、蠅や蚊、ゴキブリまでが含まれています。

えっ、どうして……？　なぜ、害虫を殺してはいけないの……？　そのような疑問が出てきます。この疑問が、「持戒波羅蜜《じかいはらみつ》」の意味を明らかにしてくれるのです。持戒波羅蜜というのは、『般若心経』の教えを日常生活の中で実践する六つの実践論の一つですね。日常生活の中で「戒を持《じ》する実践」をやることによって、わたしたちに「般若《はんにゃ》（智慧）」が得られるのです。逆にいえば、「般若」が得られるような「持戒」でなければなりません。そういった意味での、「戒を持する」とはどういうことか……を考えてみましょう。

レッテルで物を見ない

なぜ、ゴキブリのような害虫を殺してはいけないのか……？　その疑問に対する『般若心経』の解答としては、まずは、「空」といったことが答えになります。「空」というのは、「レッテルを貼るな」「レッテルをはがせ」ということですね。「害虫」といったレッテルを貼って、物を見てはいけないのです。

先程、わたしは自分の悪い癖として、道端の雑草をついちぎってしまうと言いました。これは雑草なんだから、そんなのちぎったってかまわない、と思われるかもしれません。しかし、それは、「雑草」というレッテルを貼って考えているから、そういう思考になるのです。

じつは、〝雑草〟といった単語が出来たのは、二十世紀になってからです。〝雑草〟はドイツ語では〝ウンクラウト（Unkraut）〟といい一九一五年に、英語では〝ウィード（weed）〟といって一九一七年につくられた単語です（拙著『ゆうゆう人生論』集英社、参照）。つまり、十九世紀までは、〝雑草〟なんてことばはなかったのです。ということは十九世紀までは人間は謙虚であって、すべての草木を平等に扱っていたのに、二十世紀になって人間はわがままになり、草木を差別するようになったのです。

よく考えてみてください。「雑草」なんてないのですよ。同じ草が生えても、それが原野に生えると「野草」になり、それが人が管理している土地に生え、その管理している対象に悪影響を及ぼすと「雑草」になります。まったく同じ植物が、人間の都合によって、「野草」とか「雑草」とレッテルを貼られるのです。そして、わたしたちはレッテルで物を見てしまいます。

そんなことをしていると、わたしたちは人間にまでレッテルを貼り、人間を差別するのです。成績のいい子・悪い子、役に立つ人間・役に立たない人間、……といったふうにレッテルが貼られ、マイナス・イメージのレッテルが貼られた人間を軽蔑したり、憎むようになります。そんなことをしてはいけない——と、『般若心経』は教えているのです。

そういえば、あの良寛さんに、こんな話があります。良寛さんというのは、もちろん江戸時代の曹洞宗の禅僧です。子どもたちと遊んだお坊さんですね。ある日、良寛さんは、国上山《くがみやま》の五合庵で日向ぼっこをしていました。すると、襟元《えりもと》を虱《しらみ》がもぞもぞと這っています。

良寛さんはその虱をつまんで、

「虱さん、あなたも日向ぼっこがしたいんだろうね」

と、日向ぼっこをさせてやったのです。そして、日が陰ると、

「寒くなったでしょう、虱さん、お戻りなさい」

と、虱を自分の肌着に戻してやりました。

良寛さんの目には、虱もまたほとけさまからいのちをいただいた生き物として映っているのです。それは良寛さんが、「空」の見方ができるからです。だから、レッテルで物を見ないのです。すばらしい話だと思います。

「必要性」の論理はおかしい

でも、わたしたちには、良寛さんの行動はできません。今では虱はいませんから、虱のかわりにゴキブリだとします。いま、わたしたちが良寛さんのように、「ゴキブリさん、あなたもほとけの子ね。さあ、大きくおなりなさい」と、レタスやニンジンをやって、ゴキブリを繁殖させ、近所にばらまけばどうなりますか……？　近所の人が迷惑します。わたしたちは、ゴキブリを殺さねばならないのです。

でも、じつは、その「ねばならない」が問題です。「持戒波羅蜜」の意味は、そこのところが重要なのです。

要するに、わたしたちは、「必要性」によってものを考えているのです。わたしたちの判断の基準は、いつも、「そうする必要がある」「必要がない」です。ゴキブリは殺す必要がある。ナルホド、ソノ通リ。だから、殺してよい。社交上、酒を飲む必要がある。ソウデスネ。だから、酒を飲んでいいのだ。この際、本当のことを言ってはいけない。嘘をつく必要がある。マア、ソウデスネ。だから、嘘をついてもいいだろう。……これが、わたしたちの日常の論理です。

そこのところに、「待った！」をかけているのが、『般若心経』です。

必要性を軸にものを考えていると、わたしたちは事物を差別して見るようになります。同時に、悪い習慣が身につきます。

害虫を殺す必要がある——という前提でものを考えるから、殺す必要のない殺生までするのです。ときどき起きる事件ですが、轢き逃げがあります。過ちで通行人を轢いてしまう。しかし、誰も目撃者はいない。このまま逃げれば助かるかもしれない。だが、轢かれた人は生きている。ひょっとすると、この人がわたしの自動車のナンバーを覚えているかもしれない。そうすると自分は捕まるから、この怪我人を殺す必要がある。そう考えて、助かるかもしれない人間を再度自動車で轢き殺すのです。それも、普段、必要性の論理でものを考えているから、そうなるのです。強盗が、まず店員を殺しておいてから盗みをはたらいた事件がありましたね。これも、目撃証人をなくす必要性があると考えたから、そうなるのです。現代の日本社会には宗教がありませんから、今後ますます、このような犯罪が増えると思います。

ゴルフ場は、雑草や害虫をなくす必要があります。だから、大量の除草剤を使用し、環境破壊をしています。わたしは、ゴルフをする人やたばこを服《の》む人に、環境破壊を云々する資格はないと思っていますが、わたしがこう言えば、いや、そうではない、環境破壊にはもっと別の原因がある、そちらのほうが重大だ、といった反論がなされるでしょう。そういう反論は、自分のやっている行為には、それをやる必要性があるから免罪されるんだ、と思っているからです。害虫・益虫を差別してはいけない、あらゆる生き物を殺してはならない、といった不殺生戒の原点に立ってものを見るべきです。そうすると、そんな反論はできなくなるはずです。

懺悔のこころ

けれども、わたしたちは現実には、あらゆる生き物を殺さずにいることはできません。ゴキブリは殺さねばならないでしょうし、牛や豚、魚や鳥を殺さないと、食べるものがなくなります。精進料理があるよ……と言わないでください。野菜にもいのちがあるのです。

では、現実には、不殺生戒を守れないじゃないか、となるのですが、じつはその通り。わたしたちは五戒を守ることはできないのです。だから、五戒は「守れ」という命令形ではありません。

生き物を殺さない習慣を身につける。嘘をつかない習慣を身につける。それが不殺生戒であり、不妄語戒です。そして、そういう習慣が身につくと、どうしても殺さざるを得なくなったとき、あるいは嘘をつく必要に迫られたとき、わたしたちは、「すみません、申し訳ありません」と謝る気持ちになります。

その気持ちを、「懺悔《さんげ》のこころ」と言います。〝懺悔〟は、一般には〝ざんげ〟と発音されますが、仏教語としては〝さんげ〟と読みます。その懺悔のこころがあれば、わたしたちは無用な殺生をしないですむでしょう。不必要な嘘をつかないでいられます。

必要性の論理に立つと、わたしたちはどうしても、あまり必要でない殺生まで犯してしまいます。歯止めがきかなくなるのです。懺悔のこころが、必要性に歯止めをかけてくれるのです。

それともう一つ、懺悔のこころは、われわれが自己を正当化し、他人を蔑視する、そんな傲慢さに気づかせてくれます。必要性で判断していると、自分には殺生する必要性があった、嘘をつく必要性があった、と自己を正当化します。そのくせ、他人にはそんな必要性を認めず、あの人は悪い人だと裁くのです。どうしてもそうなってしまいます。それは傲慢なんです。

17 「ほとけのこころ」を知る

人間の物差しを捨てる

わたしはいつも言っているのですが、日本人は宗教音痴です。別段、日本人は宗教が嫌いではありません。ただ、本物の宗教がどういうものか、よく知らないでいるのです。

日本人が宗教が嫌いではない証拠に、日本には二億二千万人以上の「信者」がいます。文化庁が各教団から信者数を報告させて、それを集計した数字ですが、日本の人口が一億二千万人なのに、それを一億も上回る信者がいるのだから驚きです。

それに一九九二年の数字ですが、宗教法人数は十八万以上です。宗教法人は過去十年間に一七七一法人が新たに設立されています。つまり二日に一法人のペースで、新しい宗教団体が誕生しているのです。ね、日本人は宗教が大好きでしょう。

でも、日本人は宗教音痴です。宗教音痴だからこそ、二億二千万人もの信者がいるのです。要するに、本物の宗教がわかっていない。だから、インチキ宗教にしてやられるのです。

では、本物の宗教とは何か？　どういう宗教が本物か？

最近、わたしは、宗教の定義を思い付きました。それは、「宗教というものは、人間の物差しを捨てること」というものです。人間の物差しを捨てて、ほとけの物差しでもってものを見る。それが仏教です。キリスト教であれば、人間の物差しを捨てて神の物差しで見るのですね。それが本物の宗教です。

あくまでも人間の物差しを持ちつづけているのは、インチキ宗教です。あるいは擬似宗教です。本物の宗教ではありません。たとえば病気になって、神さま、ほとけさま、どうかわたしの病気を治してくださいと祈願するのは、本物の宗教ではありません。なぜなら、その人は、病気はよくない、健康がいいものだという物差しを持っているからです。それは人間の物差しです。ご利益《りやく》信仰というものは、そういう人間の物差しにもとづいて成り立っていますから、本物の宗教ではありません。

本物の宗教は、病気は悪い、健康がいいといった人間の物差しを捨てることです。では、人間の物差しを捨てるとどうなりますか？　病気が悪い、健康がいいものだという人間の物差しを捨てて、病気がいいもの・健康が悪いと見るのは、それは裏返しの人間の物差しです。そのような見方を、「痩せ我慢」というのであって、それは宗教ではありません。

もっとも、キリスト教などでは、「貧しい人々は、幸いである」「今飢えている人々は、幸いである」「今泣いている人々は、幸いである」と言っています。これはちょっと痩せ我慢的に聞こえますね。

人間の物差しを捨てることは、それを裏返しにすることではありません。そうではなくて、キリスト教であれば神の物差し、仏教であればほとけの物差しを持つことです。

では、神の物差し、ほとけの物差しとは何か？　それは、すべてのことを「わからない」と見ることです。病気が悪いことかどうかわからない。貧しいことがいいことか、悪いことかわからない。そう見るのが神の物差し、ほとけの物差しです。つまり、人間のほうの判断放棄ですね。

仏教のことばで言えば、「不可思議」です。不可思議は不思議ともいいます。人間の智恵でもっては思議できない、思いはからうことができない。それが不可思議・不思議です。

病気になったとき、（ああ、いやだ！　いやだ！）と思うのは、人間の物差しを振り回しているのです。そのとき、(いや、病気が悪いことかどうか、わからんぞ)と思うと、人間の物差しを捨ててほとけの物差しによっているのです。それが宗教です。それが『般若心経』の教えている「空」ということなんですよ。

「ほとけのこころ」がわかる

ですから、ご利益信仰は本物の宗教ではありません。ご利益信仰においては、病気はよくない、貧乏は悪いといった人間の物差しが使われているのだから、宗教ではありませんね。

では、ご利益信仰をしたらいけないのかといえば、必ずしもそうではありません。わたしは、ご利益信仰をきっかけにして、本当の仏教信仰が持てると思っています。このご利益信仰の祈りを、わたしは「請求書的祈り」と名づけています。ほとけさまに向かって、ああしてください、こうしてくださいと、請求書を突き付けているからです。もちろん、その請求書の中身は、人間の物差しで測った「いいこと」です。

でも、もしもわたしたちがほとけさまに請求書を出してはいけないのであれば、わたしたちがほとけさまと縁を結べなくなる虞《おそれ》があります。すでにほとけさまと縁を結んでいる人はいいのですが、いかなる信仰をも持っていない人は、ほとけさまに請求書を発行するかたちでもいいから、ほとけさまと縁を結んだほうがいいですね。それが、いわゆる「苦しいときの神頼み」です。しかし、それが請求書のままではインチキ宗教です。

そこで、わたしたちは「ほとけのこころ」を知らなければなりません。じつは、この「ほとけのこころ」を知ることが、『般若心経』が教えている「般若波羅蜜《はんにゃはらみつ》」なのです。〝般若〟は「智慧」で、〝波羅蜜〟は「完成」の意味だと、すでに解説してあります。「智慧を完成させる」ということは、「ほとけのこころ」を知ることです。

で、「ほとけのこころ」がわかれば、どうなりますか……？　たとえば大学受験のとき、わたしたちは「どうかわたしを（あるいはわたしの子を）大学に合格させてください」と祈りますね。これは請求書的祈りであって、これがこのままだとインチキ宗教の祈りです。でも、般若波羅蜜（智慧の完成）によってわたしたちに「ほとけのこころ」がわかってくると、わたしたちは気がつくのです。わたしが大学に合格すれば、定員オーバーの受験生がいるかぎり、確実に誰か一人が落ちるのです。現在の学校のシステムだと、誰かの成績がよくなると、他の誰かの成績が悪くなっています。だとすれば、「わたしを合格させてください」とほとけさまに願うことは、「誰か一人を落としてください」と祈っていることになります。論理的にそうなりますね。

で、ほとけさまは、そういう願いに、「よし、わかった。じゃあ、あいつを落としてやるよ」と応えられるでしょうか……。

そんなことが、あるはずがありません。もしもそんなほとけさまなら、わたしは仏教を信じません。誰をも落としたくないと思っておられる。それが「ほとけのこころ」です。にもかかわらず、わたしたちは人間の物差しを使って、わたしを合格させてくださいとエゴイズムな祈りをしているのですね。それがわかってくれば、わたしたちの祈りも変わると思います。

「ほとけさま、わたしは、何がなんでも合格したいと思っていました。けれども、わたしが合格すれば、確実に誰か一人落ちます。そのことを思うと、わたしが合格したほうがいいのかどうか、わからなくなりました。だから、ほとけさまにおまかせいたします。わたしが合格したほうがいいと思われるなら、わたしを合格させてください。一年ぐらい浪人を体験したほうがいいと思われるなら、わたしを落としてください。ほとけさまの物差しでもって、それがいいと思われるようにしてください」

「ほとけのこころ」がわかれば、きっとこのような祈りができると思います。『般若心経』は、そのような祈りができるようにと、「ほとけのこころ」をわれわれに教えてくれているのです。

仏教に「罰」はない

ところで、ご利益信仰の裏側には、「罰《ばち》があたる」といった考えがあります。しかし、これもまた、「ほとけのこころ」を誤解しているのです。般若波羅蜜（智慧の完成）がなされていないので、そんな誤った考えが出てくるのです。

仏教において、罰というものはありません。キリスト教における神は、善人を嘉《よみ》し、悪人を罰する存在です。だから、キリスト教においては罰（ばちというより、ばつです）の思想があります。

けれども、仏教においては、わたしが本書においてすでに述べたように、仏は「デタラメ」な存在です。善人と悪人を差別することなく、仏はすべての衆生を平等に救われる存在です。したがって、罰という思想は仏教にはないのです。仏教においては、すべてを偶然性と見ます。

まあしかし、仏教は「対機説法」（相手の性格や能力に応じて教えを説くこと）を特色としていますから、程度の低い初心者には、悪いことをしたらほとけさまの罰が当たるぞ、と脅かすこともあります。でも、それは方便の脅しなんです。小学生に教えるとき、5引く8はマイナス3と教えられないから、「引けない」といった答えを教えるのと同じで、そのような程度の低い教えにしがみついていてはいけません。「ほとけのこころ」を正しく理解するのが、般若波羅蜜ですよ。

たとえば、交通事故です。交通事故に遭った人、その家族をつかまえて、仏罰が当たったんだと言うのは、インチキ宗教の論法です。「ほとけのこころ」を知らないから、そんな愚かなことを言うのです。わたしに言わせれば、「仏罰が当たったんだ」と言っているその人が、仏罰に当たっているのです。

霊のたたりを言う人は、その人が霊にたたられているのです。だってそうでしょう。『般若心経』はすべてが「空」だと教えています。したがって、霊も「空」。霊が「空」だということは、霊はあるのでもなく、ないのでもありません。あると思っている人にあるのであり、ないと思う人にはないのです。それが「空」。したがって、霊のたたりがあると思っている人は、その人が霊にたたられているのです。交通事故を霊のたたりと見る人は、その人が霊のたたりを受けているのです。

そもそも、交通事故は偶然なんです。「ほとけのこころ」がわかっている人はそのように見ます。日本のような車社会では、毎年、何件かの交通事故が起きます。そして、何人かの人が交通事故で亡くなります。その数字は、たぶん自動車の台数と関係があるでしょう。そこには法則性があります。けれども、その事故の犠牲者に誰がなるか、それは偶然です。

その偶然を偶然と見ないで、必然的な運命と見るのは、悪しき宿命論です。その人は、「ほとけのこころ」、つまりデタラメがわかっていないのです。仏教のことばである不可思議・不思議がわからないのです。般若波羅蜜ができていないのです。

ほとけさまは、交通事故の犠牲となった人に、「気の毒だねえ……」と、涙しておられるのです。どんなことがあっても、ほとけさまが「ザマアミロ！　おまえに罰を当ててやったんだゾ」なんて言われるはずがありません。

子どもはほとけさまからお預かりするのです。最近の日本人は、子どもは親がつくったものだと考えていますが、それはまちがいです。そんな考えでいるから、子どもを親の好きなように育てようとします。まるでペット扱いです。子どもは、ほとけさまからお預かりして、育てさせていただくのです。

そして、お預かりする子どものうちには、ハンディキャップのある子もいます。そういうハンディキャップのある子が生まれたら、インチキ宗教の信者が押しかけてきて、先祖の霊のたたりによってそんな子が生まれたのだと親を脅し、金銭をまきあげます。そんなインチキ宗教に引っかからないでください。ハンディキャップのある子も、ほとけさまが預けてくださったのです。

そしてほとけさまは、両親にこう言っておられます。「この子は目が見えない子なんだよ。この子をどの夫婦に預けようか、わたしは迷いに迷った。だが、あなたがた夫婦であれば、きっとこの子を幸せにしてくれるね。わたしはあなたがたを信じて、この子を預けるよ。頼むよ」。それがほとけさまの気持ちです。それが、「ほとけのこころ」なんです。

先祖のたたりだなんて言う人間は、「ほとけのこころ」がわかっていないのです。そんな人こそ、先祖の霊にたたられているのです。わたしたちに「ほとけのこころ」がわかったとき、ハンディキャップのある子どもとの出会いがほとけさまのたっての頼みであることがわかり、その出会いに感謝できるようになるのです。わたしたちは、「ほとけのこころ」を知らねばなりません。「ほとけのこころ」を知ることが、般若波羅蜜なのです。

18 「ほとけさま、ありがとう」

幸福になれる呪文

いよいよ最後になりました。『般若心経』は最後のところで、「呪《しゅ》」を説いています。

「呪」というのは「真言」です。サンスクリット語で「マントラ」と呼ばれるものです。マントラ（真言）は、本来は古代インドのバラモン教の聖典『リグ・ヴェーダ』の中に出てくる、神々に対する呼び掛け、祈願のことばを意味します。このことばのうちには神秘的な力、霊的な力がこもっており、神々はこの霊力あることば——真言——で呼び掛けられると、そのことばの通りに動かざるを得ない。そう考えられていたのです。つまり、神々を動かす呪文なわけです。

だとすると、『般若心経』に出てくる呪（真言）は、「われわれを幸福にしてくれる呪文」といえばよいでしょう。そういえば、子どものころ転んで膝を擦りむいたとき、母親がそこにつばをつけて「チチンのプイ」と呪文を唱えてくれました。すると、不思議に痛さが消えたものです。『般若心経』の呪も、そんなふうにわれわれを幸福にしてくれる呪文なんです。

その呪は、

「羯諦《ぎゃてい》。羯諦《ぎゃてい》。波羅羯諦《はらぎゃてい》。波羅僧羯諦《はらそうぎゃてい》。菩提薩婆訶《ぼうじそわか》」

というものです。その意味は……？　本当はこれは呪文だから、意味など知らなくていいのです。意味を知らないほうが、かえって呪文としての効果があるかもしれません。でも、わたしが意味を知らないからそう言っているのだと思われるのも癪《しゃく》ですから、いちおう解説しておきます。

この呪のサンスクリット語の原文は、

「ガテー・ガテー・パーラガテー・パーラサンガテー・ボーディ・スヴァーハー(gate gate pāragate pārasaṃgate bodhi svāhā)」

です。けれども、この呪は、文法的に正しいサンスクリット語ではありません。したがって、正確な意味はわからないのです。

まあ、多くの学者の研究を参考にして訳すと、次のようになります。

「往《ゆ》き、往きて、彼岸に到達せし者よ。まったき彼岸に到達せし者よ。悟りあれ、幸《さち》あれかし」

すでに述べましたように、『般若心経』はわたしたちに、この煩悩の世界である此岸を去って彼岸に渡れ！　と、呼びかけています。そしてこの呪は、彼岸に渡った者への祝福のことばなんです。

だとすれば、この呪は次のように訳すことができそうです。

「来たよ、来たよ、ほとけの国に。
みんなと一緒にほとけの国に。
ほとけさま、ありがとう」

さらに、前に述べたように、『般若心経』が言っている般若《はんにゃ》波羅蜜《はらみつ》（智慧の完成）は、わたしたちに「ほとけのこころ」を知りなさいといった呼びかけなんです。人間の物差しを捨てて、ほとけの物差しを得る。ほとけの物差しを得るということは、「ほとけのこころ」を知ることです。それがつまりは般若波羅蜜です。

そうだとすれば、この呪は次のようにも訳すことができますね。

「わかった、わかった、ほとけのこころ。
すっかりわかった、ほとけのこころ。
ほとけさま、ありがとう」

『般若心経』とは……

いったい『般若心経』とは何か？　すでにおわかりいただけたと思いますが、『般若心経』は、わたしたちがほとけの教えを学んで苦しみや災厄を克服し、心が明るくなって、感激のあまり、

「羯諦。羯諦。波羅羯諦。波羅僧羯諦。菩提薩婆訶」（わかった、わかった、ほとけのこころ。すっかりわかった、ほとけのこころ。ほとけさま、ありがとう）

と唱える、そんな喜びの声を発するためのこころのお経なんです。

そんな喜びの声を発するためには、わたしたちは「ほとけのこころ」を知らないといけないのです。「ほとけのこころ」がわかるためには、般若波羅蜜（智慧の完成）がなければなりません。そのためには、わたしたちは、すべてが「空」であることを知らねばなりません。

まあ、そんなふうに整理すると、かえってむずかしくなってしまいます。もっと簡単にいえば、わたしたちは人間の物差しを捨てるといいのです。人間の物差しを捨ててしまえば、おのずからほとけさまの物差しが与えられます。そのほとけの物差しが、般若波羅蜜なんですよ。

わたしたちがほとけさまの物差しを持てば、心が軽くなり、心が明るくなって、「羯諦。羯諦。……」と唱えることができるのです。「ほとけさま、ありがとう」と、感謝のことばが自然に出てくるのです。それが『般若心経』なんです。

さあ、この『般若心経』の教えを、日常生活の中で応用してみてください。みなさんは、どのように応用できるでしょうか……?

さまざまな応用例

Aくん・Bくんは高校生です。地方の高校で、二人は東大を目指して勉強していました。周囲の評価では、Aくんの合格はまちがいなし、しかしBくんは今年は無理で一年ぐらいの浪人は覚悟せねばならぬだろうというものでした。だが現実には、Bくんが合格し、Aくんは不合格。

Aくんは残念でたまらず、合格発表のあった翌日、風邪も引いていたので寝ていました。そこに、Bくんが訪ねて来ます。

Aくんの母親は、Bくんがおおかた自慢に来たのだろうと思い、「帰ってください」と言います。しかしBくんは、どうしても伝えたいことがあるからと、強引にAくんの寝ている部屋に行きました。そして、Aくんの寝床の横でしばらくじっとしていたあと、ポツリとこう言ったのです。

「きみとぼくと、二人で東大を目指してがんばってきた。二人一緒に合格できたら、どれだけうれしかったか……。それなのに、ぼくだけ先に入ってごめんね」

Bくんはそれだけ言って、涙を浮かべながら帰りました。Aくんは、そのことばを聞いて、気づくことができたのです。

(もしもぼくが合格して、Bくんが落ちたとき、ぼくはBくんにこんなやさしいことばを言ってあげただろうか……。たぶんぼくは、〝合格したのは、ぼくが猛勉強したからなんだ。Bくんも通りたければ、猛勉強すればいいんだ〟と考えただろう。そして、Bくんに何も言わなかっただろう。

ほとけさまは、きっとぼくに、あなたは一年浪人して、そのあいだにしっかりと「やさしさ」を学びなさいと言っておられるのだ。一年浪人をするのは、その意味では、ほとけさまのはからいなんだ。きっといいことなんだ!)

人間の物差しを使うかぎり、受験に失敗したAくんは不幸です。けれども、Aくんはほとけさまの物差しを得た。ほとけさまの物差しによって、「ほとけのこころ」がわかったのです。

「わかった、わかった、ほとけのこころ。すっかりわかった、ほとけのこころ。ほとけさま、ありがとう」

Aくんはそう言えるようになっただろうと思います。Aくんは幸福なんです。

＊

お釈迦さまの弟子に、バドリカという名の比丘《びく》がいました。バドリカは釈迦国の王でした。お釈迦さまが出家され、お釈迦さまの異母弟のナンダも出家したので、バドリカが釈迦国の王位に就いたのです。しかし、そのバドリカも、のちに出家してお釈迦さまの弟子となりました。

あるとき、バドリカは坐禅をしながら、「ああ、楽しい。じつに楽しい」と、独り言を言っていました。仲間がそれを見て訝《いぶか》しく思い、お釈迦さまに報告します。お釈迦さまはバドリカを呼び寄せ、「どうしたのだね？」と尋ねられました。バドリカはこう答えます。

「わたしが釈迦国の王であったころ、わたしの身辺には、わたしの身を護ってくれる警固の兵士が常に控えていました。けれども、いくら兵士が護ってくれていても、わたしは安心できなかったのです。いつもいつも、怯えてばかりいました。

ところが、このように出家して、わたしにはちっとも不安がありません。本当にのびのびと、心が安らかに暮らせます。それでわたしは〝ああ、楽しい。じつに楽しい〟と言ったのです」

人間の物差しで測れば贅沢のできる王侯貴族の生活は羨ましいかぎりです。でも、ほとけさまの物差しでは違ってきますね。バドリカは、その物差しの違いに気づいたわけです。

ところで、お釈迦さまの時代の王侯貴族の生活における「贅沢」は、どのようなものだったでしょうか。日本でいえば平安時代の京都の貴族たちは、冬の寒さにふるえあがっていたそうです。すき間風というより、家そのものが吹き抜けになっていて、風がビュービュー吹く。小さな火鉢に手をかざして、寒さにふるえる貴族たち。そこへいくと、冷暖房完備の現代日本人の生活はウルトラ贅沢です。

にもかかわらず、わたしたちにはそれほど幸福感がありません。人間の物差しで測っているからです。人間の物差しを捨てたとき、ほとけの物差しが得られます。そして、「ほとけのこころ」がわかるのです。

＊

夫に死なれ、六人の子どもを抱えて苦労した女性。でもね、彼女に六人の子どもがいたから、苦労できたのです。苦労なんかしたくない。人間、誰だって安楽に生きたいのだ――。彼女はそう言うかもしれません。しかし、それは人間の物差しですよ。かりに子どもが一人もおらず、死んだ亭主にたんまり財産があって、リッチな女性であってみなさい。男に騙され、財産は奪われ、嫉妬に狂った人生をおくるはめになったかもしれません。あるいは、その財産の故に守銭奴になったかもしれません。

ほとけさまは、彼女に苦労をさせてくださったのです。子どもたちのために……ということで、彼女は苦労ができたのです。いい人生がおくれたではありませんか。

「わかった、わかった、ほとけのこころ。すっかりわかった、ほとけのこころ。ほとけさま、ありがとう」

彼女はそう言うべきです。

＊

四十五歳の男性。企業戦士として絶頂期にあるサラリーマンです。ところが、彼は癌になりました。特殊な癌で治療のしようもない。余命は一年以内と告げられました。（なんで、俺が……）。彼はそう思いつづけます。夜中に目が醒めて、彼は蒲団を頭からかぶって泣いていました。

やがて、少しずつ落ち着いてきます。もちろん、時間は死に向かって進行していきます。その死の少し前、彼は菩提寺の和尚さんにこう語ったそうです。

「しかしね、和尚さん、これでよかったと思うんですよ。それまでわたしは、子どもの寝顔しか見たことがなかったのです。子どもが寝ているうちに家を出て、会社から帰れば子どもはもう寝ています。そんな生活でした。

でも、癌だとわかって、毎日家に帰ってきて子どもたちと一緒に食事ができました。休みには家族そろってハイキングにも行きました。妻ともいろいろ語り合ったし、子どもたちとも会話ができた。学校の成績なんて、どうだっていいんだ。おまえたちはやさしい人間になってくれ。お母さんを大事にする人間になってくれ。そんなふうにも言えたんです。もしもあのまま企業戦士をつづけていたら、絶対に言えなかったようなことばを、わたしは妻や子に語ることができたんです。

和尚さん、きっとほとけさまが、わたしにそんなことばを言わしてくださったのですね。わたしは、ほとけさま、ありがとうという気持ちでいます……」

四十五歳で癌で死なねばならぬ。人間の物差しで測れば、「気の毒」の一語になってしまいます。でも、彼にはわかったのです、「ほとけのこころ」が。

「羯諦。羯諦。波羅羯諦。波羅僧羯諦。菩提薩婆訶」（わかった、わかった、ほとけ

のこころ。すっかりわかった、ほとけのこころ。ほとけさま、ありがとう）
彼は幸福に死ねただろうと思います。

＊

もうこのあとは、読者がご自分で体験を書き込んでください。これからの人生において、ある瞬間、ある場所で、

「わかった、わかった、ほとけのこころ。

すっかりわかった、ほとけのこころ。

ほとけさま、ありがとう」

ということばが出てきたときの体験を。そのような体験が必ずあるはずです。いや、そのような体験をつくらないといけないのです。そのような体験をつくれ――と、『般若心経』はわたしたちに呼びかけているのですから。

文庫版あとがき

「十年一昔」といいます。本書の刊行は一九九六年、執筆はその二年前ですから、文庫版が出るのはちょうど一昔前になります。

その一昔のあいだに、世界と日本は変わったでしょうか。大きく変わった、と言えそうな気もしますが、何も変わっていないと言ったほうがよいような気もします。

変わっていないというのは、世界が破滅に向かって進んでいる様子は、十年前と同じです。変わったというのは、それがわれわれの目にはっきりと見えてきたことです。アメリカが無謀でエゴイスティックな戦争をイラクに仕掛け（アメリカ人自身が、「石油のための戦争」だと認めています）、日本がそのアメリカに追随してイラク派兵をやってのけ、世界の中で孤立しはじめている状況は、いまわれわれの目にはっきり映っています。だが、十年前はこれほど露骨ではなかった。ということは、日本の社会の破滅の様相が、ここ十年のあいだで末期症状になったことを意味するのではないでしょうか。

まあ、そんなわけで、いま日本人は「生き方」に迷っています。どう生きればいいのか、さっぱりわからなくなってしまいました。

戦後の日本社会においては、人々は「損得の物差し」でもって行動原理を決めてきました。損をしてはならない。得をせねばならない。誰も彼もがそう考えてきたのです。

そして、どうすれば損をしないで、得ができるか？　それは、競争社会において競争の勝者になり、敗者にならないことです。そこで人々は、競争の勝者になるために、がんばりにがんばりました。へとへとになるまでにがんばったのです。

その結果、日本人は多くのものを失いました。何を失ったか、一口に言えば、

——人間性——

を失ったのです。日本人は人間であることをやめてしまいました。

日本人はエコノミック・アニマルと呼ばれます。アニマルとは動物です。仏教の呼び方でいえば〝畜生〟です。人間が猛烈に働けば人間らしさを失い、動物・畜生になってしまいます。また、欲望を必要以上に膨らませると、これも仏教語でいう〝餓鬼〟になります。競争の勝者になるために、日本人は餓鬼となりました。たとえば、

『有能な上司は鬼になれ！』といった類のタイトルの書物が出版されています。競争社会で勝者になるには、人間は鬼にならねばならないのです。けれども、ひとたび鬼になった人間は、もはや人間に戻ることができません。その人は家族においても鬼となります。そして、鬼の親に育てられた子どもは鬼になる。日本の家庭は、鬼の住みかになってしまいます。

学校において競争原理を教わり、「勝者になれ！」とだけ教わった子どもは、競争の敗北者のように見える自分の両親を尊敬しません。仲間に対しても、敗北者を軽蔑の眼で見ます。そうすると真の友情なんて育ちません。いま、日本の学校は殺伐とした鬼の収容所になっています。

それればかりではありません。じつは、いま日本の状況は、何をしたら得になり、どうしたら損をしないですむか、それがわからなくなっています。昔は、一流大学を卒業し、一流企業の社長になることが人々の夢でした。けれども、一流の企業の経営者たちがテレビの前で不祥事のお詫びをする姿を見るとき、わたしたちの夢はシャボン玉のように消えてしまいます。若者たちは夢をなくし、自分がどう生きればいいのか、途方に暮れるのです。しかも、老人たちも、そのような若者に何のアドヴァイスも与えることができません、日本の老人たちは、人間としての生き方を教わってこなかったし、自分で考えようともしなかったからです。

結局、「損得の物差し」というのは、世の中をうまく渡る行動原理になるにしても、わたしたちに人間としての生き方を教えてはくれません。真の人間としての生き方を教えてくれるものは、宗教です。宗教だけが、時代と空間を超えた真実の生き方を教えてくれます。

そして、わたしは仏教を学んでいる人間です。だからわたしは、十年前に『般若心教』に人間の生き方を学ぶ本書を書きました。それが文庫版になって刊行されるいま、もう一度本書を読んでみて、わたしが書いていたことがちっとも古くなっていないのを知って安心しました。いえ、安心したというより、ますます自信を得たのです。まさに本書は、いまの時代に多くの読者に読んでもらいたい本であると自負しています。本書によって多くの日本人が、人間としての生き方を見つけてくだされば、著者にとっては大きな喜びです。

合掌

二〇〇四年五月

ひろさちや

本書は一九九六年八月に日本経済新聞社より刊行された『「般若心経」生き方のヒント』を文庫化にあたって改題したものです。

日経ビジネス人文庫

般若心経入門《はんにゃしんぎょうにゅうもん》
生《い》きる智慧《ちえ》を学《まな》ぶ

2004年7月1日 第1刷発行

著者
ひろさちや

発行者
小林俊太
発行所
日本経済新聞社
東京都千代田区大手町1-9-5 〒100-8066
電話(03)3270-0251 振替00130-7-555
http://www.nikkei.co.jp/
ブックデザイン
鈴木成一デザイン室
印刷・製本
凸版印刷

Printed in Japan ISBN4-532-19237-4
読後のご感想をホームページにお寄せください。
http://www.nikkei-bookdirect.com/kansou.html

英会話
◎表現 ×表現

日本経済新聞社=編

ビジネス英語の達人たちが、辞書とテキストでは埋めきれない、会話に役立つコミュニケーションの極意をやさしく伝授。

「話す」より「聞く」対話術

梅島みよ

「聞く」ことが上手になれば、人生は豊かになる！　コミュニケーションの達人が、ユニークな具体例を交えて伝授する活きた対話術。

週末におぼえる
パソコン入門

山田祥平

パソコンの基本操作方法、インターネットの効率的な使い方を、懇切丁寧な説明と、明快な図版で伝授するハンディな入門書。

上司が読む心理学

渋谷昌三

できる上司は明るい！ セルフチェックで自らを知り、部下や上役との接し方を学ぶ。職場を楽しくするための実践的リーダー論。

「老い」は
ちっともこわくない

柏木哲夫

ターミナルケアの草分けである著者が、医師ならではの知識をいかし、身近な問題を題材に生き生きと「老い」を生きる術を伝授する。

タイムシフティング

ステファン・
レクトシャッフェン
高瀬素子=訳

あなたはいつも「時間がない」とイライラしていませんか？　時間欠乏症に悩む現代人をストレスだらけの生活から救う時間管理術。

つきあい好きが道を開く

樋口廣太郎

交友は人生の宝! 松下幸之助、東山魁夷、コシノジュンコ、青木功などさまざまな分野の人々とのつきあいを綴ったエッセイ。

部下がついてくる人

福原義春

大胆な経営改革を断行した資生堂会長が、平社員時代から経営者に至るまでの経験を踏まえて明快に説く、リーダーシップの勘どころ。

帝王学
「貞観政要」の読み方

山本七平

組織の指導者はどうあるべきか?古来、為政者の必読書とされてきた名著を、ビジネスリーダーに向けて読み解いたベストセラー。

人間的魅力の研究

伊藤 肇

人間を惹きつけるものは、論理やイデオロギーではなく、人間的魅力だ。このいわく言い難いものの深奥を追究したロングセラー!

三十六歌仙絵巻の流転

高嶋光雪・井上隆史
(NHK取材班)

一枚数億円といわれる秘宝「佐竹本三十六歌仙絵」の流転の軌跡をたどり、その所有者となった日本の大富豪たちの素顔に迫る。

やる気 やるチャンス やる力

高原慶一朗

ビジネスを成功させるための100項目からなる実践的啓蒙書。「やれば出来る!」——そんな勇気と確信を与えてくれる1冊。

事件記者をやってみた

野村 進

1992年末から1年間"事件記者"となって取材した10の現場。不可解な事件と奇妙な違和感…それはニッポン崩壊の「予兆」だったのか。

拒税同盟

水木 楊

経営不振ながら、リストラしない日本政府。赤字は膨らむばかりだ。これを糾すため5人の男女が立ち上がった! 衝撃の冒険小説。

ビジネスマン、必読。

斎藤貴男

グローバリズム、国民総背番号制、構造改革……なぜ国や会社が個人に優先するのか? 痛みに耐える日本人を叱咤する100冊余りの書評群。

小説 バンカーズ ぼくが銀行をやめた理由

山崎洋樹

銀行という組織は、なぜ駄目になってしまったのか? 自らの体験をもとに銀行員の実態を描き、企業で働く意味を問うビジネス小説。

暗号戦争

吉田一彦

第二次大戦中の暗号解読史から電子マネー、インターネット盗聴、米同時テロ事件まで、暗号の重要性と問題点をわかりやすく解説。

リストラに克った

永井 隆

突然の失職から自分を見つめ直し、新たな人生の目標を見つけた人たちの21のドラマ。リストラすべきは「会社人間」だった自分。

“やってみよう課長”の観客サービス奮闘記

伊集院憲弘

大阪・花の万博サービス課長の現場報告。トラブルを乗り越えて様々なアイデアを実現し、観客満足を追求する姿はまさに感動的である。

ムービーウォーズ

仙頭武則

世界の垣根は意外と低い！ 自分が本当に見たい映画を「商品」に仕立て、軽々と国境を越える異能プロデューサーの痛快な奮闘記。

眠りの悩みが消える本

早石 修=監修
小林裕子

「唐辛子でよく眠れる」「コーヒーを飲んで昼寝すると、仕事が効率的に！」。ちょっと意外な快眠のコツをわかりやすく説く一冊。

トレたま
おもしろモノ大集合！

テレビ東京「ワールドビジネスサテライト」=編

自動家賃督促マシーン、本当に食べられる写真…。面白くて、便利で、ちょっと「変」な商品たちは、どうやって生まれたのか？

サッカーという至福

武智幸徳

ワールドカップ、Ｊリーグ、そして日本代表……。ユニークな視点と冷徹な分析で、古今東西のサッカーを語り尽くしたコラム集。

神戸発
危機を管理する都市へ

金芳 外城雄=編

神戸にとって大震災とは何だったのか――。復興への道のりと、災害体験をきっかけに始まった危機管理アクションを真摯に記す。

週末に遊べる パソコン入門

山田祥平

プリンターの使い方、デジカメの楽しみ方、挨拶状のつくり方……。あなたの「情報生活」を10倍充実させる親切ガイド！

自分でつくる これ、うましっ!

小林カツ代

味付けの基本から材料の切り方、余ってしまう野菜の使いきり方まで、一人暮しの料理の悩みに応える読んですぐ作れる料理エッセイ。

「国鉄マン」がつくった日韓航路

渋田哲也

分割民営化後にJR九州が立ち上げた日韓航路開設物語。航空路線を撤退にまで追い込んだ海の幹線は「鉄道員」の執念から生まれた。

ビンボーはカッコイイ

森永卓郎

好きなことしか仕事にしない――ビンボーなんてこわくないと退路を断った人たちが話す10の幸福論。短い人生、勝負してみろ！

倫敦ユーモア探偵

河村幹夫

日本を代表するシャーロッキアン（ホームズ愛好家）の著者が、ロンドン駐在商社員時代の体験をユーモラスに綴る名エッセイ。

移りゆくこの十年 動かぬ視点

青木昌彦

この十年は失われただけではない。世界的な経済学者が歴史的な視点から「この国の大いなる制度改革」について綴る。

読むだけで10打縮まる ゴルフ思考術

市村操一

ゴルフは「心」の競技。だから考え方を変えるだけで簡単にスコアがアップする。明日のラウンドからすぐに使えるメンタル術を紹介。

プロ野球よ!

日本経済新聞運動部=編

どっかおかしい日本球界。その最新事情を日経担当記者が総力取材し、ファンが胸躍る野球の姿を直言します。愛ゆえの叱咤激励の書。

NIKKEIプラス1 何でもランキング

日本経済新聞社=編

日経土曜朝刊「NIKKEIプラス1」看板連載を文庫化。ちまたの流行で本当に人気があるのは？　意外な事実が判明します。

秘伝 英語で笑わせる ユーモア交渉術

村松増美

国際交流の場では流暢な英語よりセンスあるユーモアこそが人の心を惹きつける。同時通訳の第一人者が明かすとっておきの交渉術。

食あれば楽あり

小泉武夫

『食に知恵あり』に続く第2弾。今回も小泉先生の食に対する飽くなき探究心と愛情が炸裂！　腹の虫もうなる楽しいエッセイ集。

食に知恵あり

小泉武夫

珍味・奇味から身近な食材の意外な食べ方、食の知恵まで、小泉先生が愛情を込めて紹介。読めば思わずヨダレが出る面白エッセイ！

人間はこんなものを食べてきた

小泉武夫

人類の誕生から現在にいたるまで、人間は何を食べてきたのか。お馴染み小泉武夫先生と辿る、おもしろ食文化史！

数学はこんなに面白い

岡部恒治

ユニークな問題を取り上げながら、数学的思考法の面白さをわかりやすく解説。数学は頭の訓練にもなり、あなたの発想も豊かに!

歴史からの発想

堺屋太一

超高度成長期「戦国時代」を題材に、「進歩と発展」の後に来る「停滞と拘束」からいかに脱するかを示唆した堺屋史観の傑作。

経済学殺人事件

マーシャル・ジェボンズ
青木榮一=訳

物語を読み進むうちに、限界効用から情報の経済学までの基本的考え方が身に付くように工夫されたアカデミック・ミステリー。

ライバル
小説・流通再編の罠

安土 敏

陰謀渦巻く提携劇を実話に基づき展開。ライバルとの出世競争や妻のガン闘病を通じ、主人公が葛藤しながらも成長する姿を描く。

中部銀次郎 ゴルフの心

杉山通敬

「敗因はすべて自分にあり、勝因はすべて他者にある」「余計なことは言わない、しない、考えない」。中部流「心」のレッスン書。